Pourquoi prier quand on peut s'inquiéter!?

Marianne Petit-Clerc
&
Carole Silvera

iUniverse, Inc.
Bloomington

Par Marianne Petit-Clerc et Carole Silvera

Travail artistique : Corbin Hillam
Mise en page : Carole Silvera

Les livres iUniverse peuvent être commandés chez les libraires ou en contactant :

iUniverse
1663 Liberty Drive
Bloomington, IN 47403
www.iuniverse.com
1-800-288-4677
ISBN: 978-1-4759-4232-3 (sc)
ISBN: 978-1-4759-4233-0 (ebk)

Imprimé aux États-Unis.

Pour les commandes hors des États-Unis contactez :

Éditions Bérékia
c.p. 20033, 1415 Grande Allée
Terrebonne, QC, Canada J6W 4K0
Courriel : eberekia@mlink.net
Téléphone : 450-492-6271
Télèc. : 450-492-3042
Site web : Éditions Bérékia
(sc) = livre de poche
(ebk) = livre éléctronique

Par Marianne Petit-Clerc et Carole Silvera

iUniverse books may be ordered through booksellers or by contacting:

iUniverse
1663 Liberty Drive
Bloomington, IN 47403

www.iuniverse.com
1-800-Authors (1-800-288-4677)

ISBN: 978-1-4759-4232-3 (sc)
ISBN: 978-1-4759-4233-0 (ebk)

Printed in the United States of America

Introduction

*L*orsque le moment est venu pour moi de quitter mon emploi chez Bell Canada, un de mes frères m'a annoncé sur un ton sarcastique :

—— Tu es folle de laisser ton emploi! Comment vas-tu faire pour vivre? En tout cas, si jamais tu as besoin d'argent, ne viens pas me voir!

—— Sois assuré, Lucien, que jamais je n'irai te voir. MAIS, si toi tu as besoin d'argent, ça me ferait vraiment plaisir de pouvoir te dépanner.

Ce n'est pas que j'étais convaincue de ne jamais me trouver dans le besoin. C'est simplement parce que j'avais saisi, par la foi, une des 7 487 promesses dans la parole de Dieu sur laquelle j'ai choisi de m'appuyer :

 «… mon Dieu subviendra pleinement à tous vos besoins; il le fera, selon sa glorieuse richesse qui se manifeste en Jésus-Christ».
Philippiens 4.19

Une fois cette promesse saisie, je savais que je

n'aurais pas à m'inquiéter. Je comptais sur le fait que mon Père céleste, mon Berger, mon Ami allait prendre soin de moi dans les moindres détails.

Par la force des choses, ce même frère est un jour venu me voir pour m'emprunter cinq dollars. En lui remettant l'argent, je n'ai eu qu'à le regarder. Sans dire un seul mot, il avait tout compris.

Combien souvent, par la suite, ce qui m'ouvrait la porte pour lui parler de l'Évangile était la fidélité de Dieu à mon égard. Il pouvait me présenter des arguments pour attaquer la parole de Dieu ou les doctrines bibliques, mais il ne pouvait pas affirmer que les expériences que je vivais n'étaient pas authentiques.

Parfois, il me disait que ce que je lui racontais n'était que le fruit du «hasard» et, moi, pour plaisanter je lui répondais :

——— C'est étrange… lorsque je prie, le «hasard» est de mon côté… mais lorsque je ne prie pas, je ne peux pas compter sur le «hasard».

Comme beaucoup de gens, il n'avait simplement pas appris que le «hasard est Dieu à l'œuvre dans l'anonymat»!

Au fil des années, bon nombre de personnes nous ont demandé, Carole et moi, de mettre par écrit nos expériences de foi, ce que nous avons finalement choisi de faire… avant de les oublier! Bien entendu, si nous vous avions raconté tout ce que le Seigneur a fait pour nous, ce livre aurait été beaucoup plus épais.

Comme tous les croyants, nous avons dû apprendre, nous aussi, à lui faire confiance, et vous constaterez en lisant ces anecdotes que Dieu nous en a souvent donné l'occasion. Nous sommes aussi conscientes qu'il le fera encore à l'avenir.

Marianne Petit-Clerc

Marianne raconte

Chapitre 1
Tu ne connais pas mon Dieu!

Lorsque mes parents sont venus à l'Évangile, nous les enfants avions très peu d'amis puisque les voisins, croyant que nous étions communistes, ne voulaient pas que leurs enfants nous côtoient.

Nous nous retrouvions donc souvent chez une famille qui était aussi venue à l'Évangile environ à la même époque que mes parents. Un jour, je me suis rendue là pour m'amuser. Nous avons eu tellement de plaisir que je n'ai pas vu le temps passer. Et, pourtant, ma mère m'avait avertie que je devais être de retour à la maison avant 17 h.

La connaissant, je savais que je ne devais pas arriver à 17 h 01! Je savais aussi que de ne pas avoir de montre n'était pas une excuse pour arriver en retard.

Lorsque le téléphone a sonné, vers 17 h 15, j'ai sursauté en réalisant quelle heure il était. Voyant la crainte sur mon visage, la mère de la famille m'a dit d'un ton convaincu :

—— On va prier !

Prier ?? Ce n'était pas parce que j'avais peur de déranger Dieu, mais je ne croyais absolument pas que je pourrais esquiver les conséquences.

—— Vous allez prier ? lui dis-je d'un ton qui démontrait que je ne croyais pas que Dieu pouvait intervenir dans une telle circonstance.

—— Oui, c'est ce qu'on va faire.

—— Vous ne connaissez pas ma mère, lui répliquai-je.

Je n'ai jamais oublié la réponse qu'elle m'a donnée :

—— Tu ne connais pas mon Dieu !

Elle avait raison. Je ne connaissais pas encore mon Père céleste. Je ne savais pas que je devais me décharger sur lui de tous mes soucis.

Dans ma pensée, je la vois encore agenouillée près de son lit, accompagnée de plusieurs de ses enfants. Moi aussi, je me suis agenouillée, mais je ne savais pas trop pourquoi.

Je n'avais pas du tout la foi de croire qu'il valait

Moi, aussi, je me suis agenouillée...

la peine de présenter à Dieu une telle requête. En fait, j'étais convaincue que c'était inutile. Au lieu de me fermer les yeux, et de prier, j'ai regardé ces personnes autour du lit qui intercédaient pour moi. Une seule chose me venait à la pensée : Rien, absolument rien, ne pourra me sortir de ce pétrin.

J'ai dû marcher plus d'un kilomètre pour me rendre chez moi et, tout au long du trajet, j'aurais voulu croire que Dieu avait entendu ces prières, mais je ne pouvais pas faire semblant. Rendue chez moi, c'est avec beaucoup d'appréhension que j'ai monté les marches et ouvert la porte.

—— Ton souper est dans le fourneau, dit ma mère sur un ton qui m'a étonnée au plus haut point.

Qu'était-il arrivé ? C'est bien simple. Dieu était intervenu... pas à cause de ma foi, mais grâce à la foi d'une femme de prière qui a laissé son empreinte dans ma vie.

En effet,

 «quand un juste prie, sa prière a une grande force». Jacques 5.16

Chapitre 2
En son temps!

Je remercie le Seigneur pour les croyants qu'il a placés sur ma route, au fil des années, pour me démontrer que Dieu est bel et bien vivant et qu'il vaut la peine de lui présenter nos requêtes.

Un autre de ces croyants était Walter Angst, directeur du Camp de Béthel. La salle à dîner étant en construction, nous devions manger en plein air cette semaine-là.

Un jour, à l'heure du dîner, nous avons vu soudainement le ciel s'obscurcir. Les nuages gris menaçants semblaient prédire un orage, et nous nous attendions à être trempés jusqu'aux os.

C'est à ce moment-là que je l'ai entendu s'adresser à Dieu :

— Notre Père, nous te remercions pour cette

nourriture qui est devant nous. Nous te demandons aussi de chasser ces nuages pour nous permettre de manger ce repas en plein air.

Je dois vous avouer qu'encore une fois je n'avais pas du tout la conviction que sa prière allait être exaucée. Mais, curieuse, je mangeais tout en gardant un œil sur les nuages. Tout à coup, alors que nous mangions au sec, sur l'autre versant de la colline nous pouvions constater qu'il pleuvait à verse. Très impressionnant pour une jeune fille de 11 ans!

C'est ce qui a fait que, des années plus tard, j'ai osé formuler ce même genre de prière. Nous nous retrouvions dans les Laurentides où les membres d'une famille de l'Église étaient venus passer leurs vacances.

Le dimanche soir, nous voulions assister à la réunion dans une petite église de la région, mais le père n'arrivait pas à se décider. Il avait beaucoup plu cette semaine-là, et il avait peur que le chemin ne soit pas carrossable, et qu'il ne pourrait revenir coucher au chalet.

Me rappelant ce que Dieu avait fait au Camp de Béthel, bien des années auparavant, je me suis dit que Dieu n'avait pas changé. S'il avait pu chasser les nuages et la pluie dans le passé, il pouvait le faire encore aujourd'hui.

Me tournant vers ce nouveau croyant, je lui dis

avec une assurance qui ne venait sûrement pas de moi :

— Dieu peut chasser la pluie. Nous n'avons qu'à le lui demander.

C'est exactement ce que nous avons fait. En route pour l'église, Dieu m'a une fois de plus étonnée. À gauche de la route, il pleuvait à verse. À droite, où se trouvait le chemin qui menait au chalet en question, pas une seule goutte d'eau ne tombait!

La parole de Dieu affirme que c'est lui qui

 «fait monter les nuages des extrémités de la terre, qui produit les éclairs et la pluie»
Jérémie 51.16

et c'est aussi lui qui peut chasser les nuages... en son temps!

Ce nouveau croyant n'a jamais oublié cette expérience... et moi non plus!

Ma requête

_____

_____

_____

_____

_____

_____

_____

_____

_____

_____

_____

_____

_____

_____

_____

_____

_____

_____

_____

_____

_____

Chapitre 3
Deux requêtes simples et précises

*D*emander à Dieu de nous aider à trouver une balle de baseball? En écoutant «Oncle Jean» présenter cette requête à Dieu après avoir perdu notre balle, j'avoue que je me suis demandée si ce n'était pas une requête trop insignifiante. Après tout, le Dieu de l'univers devait avoir autre chose à faire que de s'occuper d'une balle de baseball. Je n'étais pas encore convaincue qu'il s'intéresse à TOUS les aspects de notre vie, et que rien ne lui échappe.

Nous avions tellement eu de plaisir à jouer. Puis, tout à coup, la balle semblait avoir disparu. Nous avons cherché un peu partout, sans succès. Puis, j'ai entendu Oncle Jean prier. J'avoue que j'ai été passablement surprise lorsqu'un peu plus tard, quelqu'un a annoncé que la balle avait été trouvée recouverte de sable près du chemin.

Bien des années plus tard, lorsque j'enseignais la parole de Dieu à une centaine de campeurs à ce même camp (Camp de Béthel), Dieu m'a remis à la pensée cette anecdote lorsqu'un garçon est venu vers moi pour me demander de présenter à Dieu une requête. Il avait perdu une lentille de ses lunettes, et il voulait que Dieu l'aide à la retrouver.

Sa requête était à propos. Cette semaine-là, j'avais enseigné sur la prière et le jeune campeur n'avait aucun doute que Dieu pouvait nous exaucer. «Tante Marianne» a donc fait exactement ce que «Oncle Jean» avait fait bien des années auparavant. Elle a présenté à Dieu une requête très simple et très précise : «Seigneur, aide-nous à trouver cette lentille. Toi, tu sais où elle se trouve.»

Cet après-midi-là, j'ai dû m'absenter. Je ne me suis pas préoccupée de la situation. J'ai plutôt choisi de parler à Dieu de ce qui inquiétait ce jeune campeur. J'étais convaincue que l'exaucement de cette prière allait avoir un impact dans sa vie.

De retour au camp, je l'ai vu courir vers moi pour m'annoncer la nouvelle :

—— On l'a trouvée! On l'a trouvée!

Avec beaucoup d'enthousiasme, il m'a raconté comment lui et ses copains avaient cherché partout sur le terrain. Vers la fin de l'après-midi, au moment où ils allaient abandonner leur recherche, un des garçons a vu quelque chose briller dans l'herbe.

La lentille était intacte, même si quelqu'un avait tondu le gazon cet après-midi-là. Je veux croire que ce campeur se souvient de cet incident encore aujourd'hui, comme moi je me souviens que Dieu nous a permis de retrouver notre balle de baseball lorsque j'étais campeuse.

Les enfants, les adolescents et les adultes peuvent toujours compter sur le fait que :

 «... les yeux du Seigneur sont sur les justes et ses oreilles sont attentives à leur prière».
1 Pierre 3.12

Ma requête

_____

_____

_____

_____

_____

_____

_____

_____

_____

_____

_____

_____

_____

_____

_____

_____

_____

_____

_____

_____

_____

Chapitre 4
Que veux-tu que je fasse pour TOI?

*E*n grandissant, je n'ai jamais eu à faire confiance à Dieu sur le plan matériel. Grâce à mes parents, j'avais le gîte assuré et n'avais pas à m'inquiéter pour ma bouffe. Plus tard, durant les dix années où j'ai travaillé chez Bell Canada, je n'avais aucunement besoin de supplier le Seigneur de subvenir à mes besoins puisque je gagnais un bon salaire.

Mais lorsque j'ai quitté mon emploi pour aller travailler dans l'œuvre de Dieu à temps plein, je savais que je ne pourrais plus compter sur ma paye. J'allais être obligée de faire confiance à Dieu dans tous les domaines de ma vie… jusque dans les moindres détails.

J'avais réussi à rembourser toutes mes dettes, mais n'avais pas le montant nécessaire pour payer les frais de scolarité (300 $) requis pour le cours que je voulais suivre à l'Institut de l'Association pour l'évangélisation des enfants au Michigan, aux États-Unis.

Mlles Courtney et Bush, directrices de cette Association au Québec à l'époque, m'avaient mentionné que plusieurs croyants, d'ici et là, leur avaient fait parvenir des dons pour la somme de 150 $ dans le but de payer mes études.

Le dernier dimanche avant mon départ, il me manquait 150 $. Ce matin-là, j'enseignais mes élèves pour la dernière fois avant de partir. J'avais choisi de leur raconter l'histoire de Bartimée, cet aveugle qui mendiait près de la ville de Jéricho.

À un moment donné, je me rappelle leur avoir dit :

—— Jésus regarda Bartimée et lui posa une question étonnante : Que veux-tu que je fasse pour TOI ? Si Jésus était ici physiquement ce matin, et te posait la même question, que répondrais-tu ?

Pendant que les enfants réfléchissaient, j'ai pris le temps de me poser la même question. Je ne sais pas ce que les enfants ont répondu, mais je me rappelle avoir dit dans mon cœur : «Seigneur, j'aurais besoin de 150 $!» Puisque je n'avais jamais fait une telle expérience auparavant, je n'avais pas la moindre idée comment il allait exaucer cette prière, mais par la foi j'ai choisi de croire qu'il allait le faire.

Que veux-tu que je fasse
pour TOI?

Ce soir-là, à mon insu, le pasteur et les diacres avaient décidé de me remettre l'argent qui serait recueilli dans l'offrande. À ma grande surprise juste au moment où j'allais sortir du bâtiment, le trésorier me remit un chèque pour la somme de 174,50 $!

Dieu avait exaucé ma prière. Pour la première fois de ma vie, j'avais demandé à Dieu de pourvoir de façon concrète à un besoin financier. Je dois avouer qu'à ce moment-là, j'avais l'idée que j'aurais à faire confiance à Dieu seulement pour quelques mois. Je ne savais pas que, dans le plan de Dieu, je ne pourrais pas compter sur un seul sou pendant les cinq prochaines années de ma vie. Chose certaine, je n'échangerais pas ces expériences pour rien au monde.

Inutile de vous dire que ce n'est pas la dernière fois que j'ai pu dire comme le psalmiste :

 «O Éternel, écoute ma prière et sois attentif à mon cri!» Psaume 39.13

22

Chapitre 5
Mon Père SAIT ce dont j'ai besoin!

*U*ne fois rendue aux États-Unis, j'avais assez d'argent pour payer mes frais de scolarité. Puisque j'avais le vivre et le couvert, je n'ai vraiment pas eu à faire confiance à Dieu pour de l'argent... pendant trois mois!

Mais, à la fin novembre, je savais que je devais revenir au Québec et que mon billet de train coûterait 23, 85 $. J'en ai donc parlé à mon Père céleste. Ce jour-là, j'ai reçu trois lettres. La première venait d'une femme qui ne voulait rien savoir de Dieu, ni des chrétiens d'ailleurs. Dans l'enveloppe se trouvait un chèque de 25 $. Même si, par la suite, je l'ai questionnée à ce sujet, je n'ai jamais pu savoir pourquoi elle avait eu à cœur de m'envoyer ce don.

Je ne pouvais rien faire d'autre que de me

réjouir. Dieu avait entendu ma prière. Puis, tout à coup, j'ai réalisé que le dimanche suivant je devais mettre dans le plat à offrandes au moins 2,50 $. J'avais aussi oublié que je devais acheter un billet de 2,50 $ pour le banquet auquel je devais assister le lendemain soir. Immédiatement, j'ai fait connaître ce besoin à mon Père céleste.

En ouvrant une deuxième enveloppe, j'ai trouvé un billet de 5 $ que m'avait fait parvenir une chrétienne de mon Église. Je me suis tournée vers une de mes amies en lui disant :

——— Tout ce qu'il me manque maintenant, ce sont des sous pour acheter des timbres afin d'envoyer à ces gens une note de remerciement.

J'ai ouvert une troisième enveloppe. Une autre chrétienne avait eu à cœur de me poster 2 $ en spécifiant :

——— Juste au cas où tu aurais besoin de timbres!

Comment ne pas constater que Dieu était en train de faire grandir ma foi?

Je commençais à me rendre compte que j'avais au ciel un Père qui SAIT ce dont j'ai besoin. Et, pourtant, je le savais car c'est bien ce que nous enseignent les Écritures :

 «... Mais vous, vous avez au ciel un Père qui sait bien que vous avez besoin de tout cela.»   Matthieu 6.32

Chapitre 6
Il m'allait comme un gant !

C'est au mois de septembre que je suis arrivée aux États-Unis. Il a fait particulièrement chaud cet automne-là, et je n'avais pas prévu le temps froid du mois de novembre. J'ignorais aussi que la tempête du siècle était au rendez-vous.

Mon manteau en toile de coton était beau, mais loin d'être assez chaud. J'aurais eu besoin de m'acheter un manteau d'hiver... mais, encore une fois, l'argent me manquait. J'en ai donc parlé à mon Père céleste. Je savais que m'inquiéter à ce sujet ne le glorifierait pas.

À maintes et maintes reprises, j'avais lu dans Matthieu 6.25-30 :

> *«... ne vous tracassez pas sans cesse en vous demandant avec inquiétude : Qu'allons-nous*

manger pour vivre? Qu'allons-nous mettre pour être habillés? La vie ne vaut-elle pas bien plus que la nourriture? Et le corps ne vaut-il pas bien plus que les habits?...

Quant aux vêtements, pourquoi vous mettriez-vous en peine à leur sujet? Observez les anémones sauvages! Regardez comment se forment leurs fleurs : elles poussent sans se fatiguer à filer de la laine ou à tisser des habits. Et pourtant, je vous assure que le roi Salomon lui-même, malgré toute sa gloire, n'a jamais été aussi bien habillé que l'une de ces fleurs! Si Dieu habille avec autant d'élégance la petite plante champêtre qui est là aujourd'hui et demain déjà sera jetée au feu, à combien plus forte raison s'occupera-t-il de votre habillement. Ah, votre foi est encore bien petite!»

Je me trouvais dans une situation qui me permettrait de voir si mon Père céleste allait s'occuper de mon habillement. Ne mentionnant rien à personne, sauf à lui, je lui ai simplement fait connaître mon besoin.

Le dimanche suivant, en arrivant à l'église que je fréquentais, une femme est venue vers moi pour me dire qu'elle aimerait me voir à sa voiture après le culte. Je n'avais aucune idée ce qui m'attendait.

Elle a ouvert la portière et a sorti un manteau d'hiver en me disant : «Voudrais-tu l'essayer pour voir s'il te fait? Ça fait deux ans qu'il est accroché dans ma garde-robe. J'ai pensé que tu pourrais en avoir besoin.» Tout étonnée, j'ai tout de suite enfilé le manteau… qui m'allait comme un gant!

Lorsque mon Dieu m'entend, et me démontre qu'il s'occupe de moi comme il l'a promis, non seulement ma foi grandit, mais je peux partager à d'autres ce qu'il fait pour moi, et ce qu'il veut et peut faire pour eux également.

De retour à Montréal, je suis allée visiter une jeune femme avec qui j'avais travaillé chez Bell Canada. Elle n'était pas chrétienne, et ne s'intéressait pas nécessairement à l'Évangile. Toutefois, durant la soirée, elle et son père prêtaient l'oreille lorsque je leur ai partagé comment mon Père céleste avait pourvu à tous mes besoins au cours des derniers mois. Mais, j'ai complètement oublié de leur parler du manteau que le Seigneur avait pourvu.

Puis, le moment est venu où j'ai eu l'occasion de leur partager le message de l'Évangile. Une fois terminé, il était passé minuit et je savais que les autobus ne roulaient plus. Ne sachant pas que la soirée finirait si tard, je n'avais pas assez d'argent sur moi pour prendre un taxi.

Je ne savais pas quoi faire, mais dans mon cœur j'ai présenté ce besoin à mon Père céleste. À un moment donné, la jeune femme en question est allée chercher mon manteau et celui de l'amie qui m'accompagnait. Pendant ce temps-là, le père se tourne vers nous et dit : «Écoutez les filles, je ne peux pas vous laisser partir à cette heure-là. Je vais aller vous reconduire.»

Sur ces entrefaites, sa fille m'a remis mon manteau. En m'aidant à l'enfiler, elle me dit sur un ton narquois : «Je suppose que c'est le Seigneur qui t'a donné ce manteau-là!» Elle n'avait jamais tant dit vrai! Je ne pus faire autrement que de répliquer : «Eh bien oui, mais j'avais oublié de vous le mentionner.»

Étant sceptique, elle me dit : «Tu veux dire que si tu n'avais aucun moyen de transport pour retourner chez toi, ton Dieu en pourvoirait un?» Avec un grand sourire, j'ai regardé son père en disant : «C'est exactement ce qu'il vient de faire!»

En les quittant ce soir-là, j'espérais leur avoir communiqué que mon Père céleste est vivant et qu'il se plaît à exaucer la prière de ses enfants.

Au fil des années, il m'est parfois arrivé de partager ces expériences à des gens qui m'ont présenté toutes sortes d'arguments pour essayer de détruire ma foi. Mais en leur racontant comment Dieu avait pourvu à mes besoins, combien souvent ils ont été confondus parce qu'ils ne pouvaient pas réfuter l'authenticité de ces expériences.

Chapitre 7
Depuis la cave !

$\mathcal{E}$n revenant à Montréal en train, j'ai présenté une autre requête à mon Père céleste... mais pas sur le plan financier cette fois-ci. Durant le voyage, je lui ai demandé de me donner l'occasion de conduire un tout-petit au Seigneur Jésus.

Je ne doutais pas que celui qui a dit :

 «Laissez donc les petits enfants venir à moi, ne les en empêchez pas...»   Marc 10.14

pouvait sauver un enfant. Mais sauver un enfant d'âge préscolaire? J'en n'étais pas convaincue. Je ne savais pas que Dieu allait orchestrer des événements qui allaient servir à enlever tout doute.

En arrivant à la maison, ma nièce de quatre ans m'attendait joyeusement. En me voyant, elle me sauta dans les bras et me surprit en disant :

—— Tante Marianne, allons dans la cave!

De prime abord, j'étais étonnée, mais je me suis vite rappelée que, dans le passé, lorsqu'elle était absente de l'école du dimanche, nous descendions à la cave l'après-midi, où je lui racontais l'histoire enseignée le matin.

J'ai tout de suite pensé à la prière formulée dans le train, et je savais que Dieu me donnait le privilège de le voir à l'œuvre. Doutant qu'une enfant si jeune puisse vraiment comprendre le salut, j'ai pris mon livre sans paroles, et lui ai partagé le message de l'Évangile.

À ma grande surprise, elle exprima son désir d'inviter Jésus dans sa vie. Demeurant sceptique, j'ai cru sage de ne pas en glisser un mot à personne. Je continuais, tout de même, à y penser chaque fois que je la voyais.

Un jour, je lui ai posé la question :

—— Diane, où est Jésus maintenant?

Imaginant que je devais connaître la réponse, d'un air étonné, elle me répondit :

—— Dans mon cœur!

Tout en continuant à jaser avec elle, je lui posai une autre question, qu'elle ne pouvait répondre ni par un «oui», ni par un «non».

—— Diane, qu'est-ce que Dieu a fait pour toi?

Sans hésiter, elle répondit :

—— Il a lavé TOUS mes péchés!»

Je voulais m'assurer qu'elle avait pris cette décision pour la bonne raison, et pas seulement pour me faire plaisir. Je savais que la réponse à la prochaine question aller m'indiquer si elle avait compris ou non.

—— Diane, quand a-t-il lavé tous tes péchés?

Sur un ton impatient, elle me fixa et ajouta :

—— Depuis la cave!!»

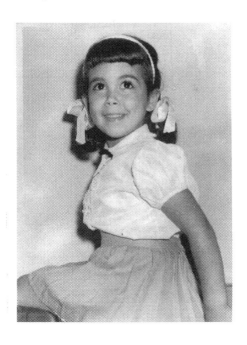

Depuis la cave!!

Ma requête

_____

_____

_____

_____

_____

_____

_____

_____

_____

_____

_____

_____

_____

_____

_____

_____

_____

_____

_____

_____

Chapitre 8
Expo 67

Cet été-là fut un été très spécial. Je m'étais engagée à travailler à l'Expo 67. Je savais que le plan de Dieu pour moi était de conseiller les gens qui passaient par les portes du pavillon Sermons de la Science, parrainé par l'Institut Biblique Moody, à Chicago.

Puisque je n'avais pas d'emploi, je comptais aussi sur le fait que Dieu allait pourvoir à mes besoins financiers. Un dimanche soir, réalisant que j'aurais besoin d'acheter des billets de métro (3 pour 1 $ à l'époque) pour me rendre à l'Île Notre-Dame où se trouvait le pavillon, et constatant qu'il n'avait pas encore pourvu, j'ai décidé d'aller demander de l'argent à mon père terrestre.

Mon intention était de lui demander de me prêter deux dollars, ce qui m'aurait permis de me rendre à l'Expo et de revenir à la maison trois jours de suite. En demandant à mon père de me prêter ce montant, j'étais en train de démontrer à mon Père céleste que je ne croyais pas qu'il pouvait subvenir à mon besoin. Je ne pouvais pas continuer ma phrase. Je me rappelle avoir dit dans mon cœur : «Père céleste, je ne sais pas comment je vais me rendre à l'Expo demain, mais ce ne sera pas en utilisant ces deux dollars. Tu as promis de pourvoir à mes besoins, et je compte sur ta promesse.»

Ce soir-là, je me suis couchée en paix en étant convaincue que Dieu non seulement connaissait mes besoins, mais qu'il allait aussi pourvoir en SON temps.

 «À celui qui est ferme dans ses sentiments tu assures la paix, la paix, parce qu'il se confie en toi.» Ésaïe 26.3

Le lendemain matin, à 5 h, ma nièce est venue sauter sur mon lit pour me réveiller. «Tante Marianne, réveille-toi», m'a-t-elle dit en me tirant les oreilles.

Sur le coup, j'avoue que j'étais désappointée car j'aurais voulu dormir un peu plus longtemps. En ouvrant les yeux, je me suis aperçue qu'elle avait dans ses mains une bourse que j'avais prise avec moi aux États-Unis. Je me suis tout de suite demandé si je n'y trouverais pas la réponse à ma prière. Je lui ai fait signe de me la remettre. En ouvrant la fermeture éclair, j'y ai trouvé… un dollar américain!

Je ne m'endormais plus. Je ne pouvais faire autrement que de remercier mon Père céleste d'avoir encore une fois pourvu à temps. C'est donc avec beaucoup de joie et d'assurance que je suis partie le lundi matin, pour aller conseiller au pavillon Sermons de la Science. Le mardi matin, je n'avais en ma possession qu'un seul billet. Je savais que je pouvais m'y rendre, mais n'avais aucune idée comment je reviendrais à la maison le soir.

Mais j'avais appris ma leçon… et au lieu de m'inquiéter j'étais prête à faire confiance à mon Dieu.

Ma requête

_____

_____

_____

_____

_____

_____

_____

_____

_____

_____

_____

_____

_____

_____

_____

_____

_____

_____

_____

_____

_____

_____

Chapitre 9
Vas-tu encore me dire quoi faire?

Durant l'après-midi, j'avais eu l'occasion de présenter l'Évangile à une femme qui était venue au pavillon. Juste avant de me quitter, j'ai vu des larmes couler sur ses joues. Puis, soudainement, je l'ai vue ouvrir sa bourse, sortir un billet d'un dollar et me le remettre en me remerciant pour tout ce que je venais de lui partager.

Je suis restée bouche bée. Ne voulant sûrement pas lui donner l'impression que j'étais là pour soutirer de l'argent de qui que ce soit, je lui dis avec empressement : «Oh! mais madame, je ne suis pas ici pour prendre votre argent. Je suis ici pour présenter l'Évangile, et…» Encore une fois, je ne pus terminer ma phrase. C'est comme si mon Père céleste me disait de sa douce voix : «Vas-tu encore me dire quoi faire??»

C'est donc avec beaucoup d'humilité et de re-connaissance que j'ai pris ce dollar en la remerciant pour son geste. Je savais très bien que mon Père céleste était l'auteur de ce don, et je l'ai remercié de tout cœur, comme nous l'exhorte l'apôtre Paul :

 «*Remerciez Dieu en toute circonstance : telle est pour vous la volonté que Dieu a exprimée en Jésus-Christ.*» 1 Thessaloniciens 5.18

Il a eu l'occasion de me surprendre ainsi une seconde fois durant ce même été… car quelqu'un d'autre m'a remis un dollar au moment où je n'avais plus un sou pour me rendre à la maison.

Bien sûr, j'aurais pu emprunter de l'argent, mais je n'aurais pas vu ce que mon Père céleste peut faire… j'aurais été privée d'une bénédiction… et les donateurs également.

Chapitre 10
Quel frère généreux!

Lorsque j'ai commencé à travailler dans l'œuvre du Seigneur, j'ai dû prendre une décision très difficile — vendre ma charmante Coccinelle. Ce n'était qu'une Volkswagen... mais elle était précieuse à mes yeux!

Malgré mes nombreux déplacements, j'avais vécu près de deux ans sans voiture, et j'étais prête à m'en priver encore... MAIS je devais avouer que j'aurais tellement aimé en avoir une avant de poursuivre mes études à l'Institut Biblique Béthel.

Avant de partir, je suis allée rendre visite à mon frère Fernand et à ma belle-sœur dans la Beauce. Le lendemain matin, en arrivant dans le salon, mon frère m'annonça :

—— La voiture qui est dans l'entrée est à toi!

Pensant qu'il plaisantait, je ne pus faire autrement que de répondre :

— Quel frère généreux!

En entendant ma belle-sœur rire, je me suis rendue compte qu'il ne plaisantait pas du tout. Quelques instants plus tard, il me posa la question :

— As-tu prié pour une voiture?

— Oui, lui répondis-je, mais j'étais loin de m'attendre à ce qu'il se serve de toi pour exaucer ma prière.

Dans le but d'économiser de l'argent, il avait cru bon s'acheter une petite voiture (une Volkswagen) pour les longues distances qu'il avait à parcourir lors de visites pastorales durant la semaine. La grande voiture, lui et sa femme s'en serviraient pour eux et leurs cinq enfants.

Étrange comme cela puisse paraître, ils avaient complètement oublié de calculer les dépenses supplémentaires que nécessitait un second véhicule, si petit soit-il! Il fallait payer les assurances, les plaques d'immatriculation, les pneus, les essuie-glaces d'hiver, etc. Étant très économes, ils se demandaient pourquoi un tel détail les avait échappé. Ils ignoraient le fait que j'avais «placé une commande» auprès de mon Père céleste qui se plaît souvent à me donner au-delà de mes besoins.

Puisque la vraie prière vient de Dieu, je ne doute pas que c'est lui qui m'avait mis à cœur de lui présenter cette requête. Je suis aussi convaincue que c'est lui qui avait orchestré les circonstances pour combler ce désir.

L'apôtre Paul avait raison en nous affirmant que Dieu

 «peut réaliser infiniment au-delà de ce que nous demandons ou même pensons».

Éphésiens 3.20

Si seulement nous gardions à la pensée cette merveilleuse vérité au lieu de nous inquiéter!

Ma requête

_____
_____
_____
_____
_____
_____
_____
_____
_____
_____
_____
_____
_____
_____
_____
_____
_____
_____

Chapitre 11
Aucune requête trop insignifiante

*P*our moi, les plus importantes leçons apprises à l'école biblique ne provenaient pas des manuels ni de la salle de classe. Elles gravitaient autour de la question de la foi et de l'exaucement à la prière.

J'avais déjà appris que Dieu se plaisait à exaucer la prière de ses enfants. Je devais maintenant apprendre qu'il n'y avait AUCUNE requête trop insignifiante à lui présenter puisqu'il s'intéressait aux moindres détails de ma vie.

Au fil des semaines et des mois, mon Père céleste avait démontré qu'il pouvait pourvoir à TOUS mes besoins — physiques, spirituels ou financiers. C'est pourquoi je n'ai pas hésité de lui en parler lorsque j'ai eu besoin de pâte dentifrice.

Évidemment, je ne me retrouvais pas devant une situation critique. Il y avait des besoins beaucoup plus sérieux que celui-là dans ma vie et dans le monde. Mais je ne doutais pas du tout que Dieu pouvait exaucer ma prière : «Seigneur, je sais que je ne mourrai pas si je n'ai pas de pâte dentifrice… mais je sais aussi que tu peux pourvoir à ce besoin. Je ne sais pas comment… mais je t'en remercie d'avance».

Quelques heures plus tard, j'ai reçu dans le courrier un gros colis qui venait de l'État du Michigan, aux États-Unis. Avant même de l'ouvrir, je savais quel était son contenu… mon manteau que j'avais oublié chez des amies trois semaines auparavant.

Ce n'était pas d'un manteau dont j'avais besoin (même si j'étais reconnaissante qu'il me soit revenu). Je l'ai enfilé (je ne sais pas pourquoi puisque je savais qu'il me faisait!) J'ai placé automatiquement mes deux mains dans les poches. Dans chacune d'elles se trouvait un tube de pâte dentifrice!

Au fil des années, aucun exaucement à la prière ne m'a plus touché que celui-là. Si mon Père céleste, qui gouverne tous les êtres célestes, pouvait mettre à cœur à quelqu'un à 1500 km de l'endroit où je me trouvais de placer dans chacune des poches de mon manteau un tube de pâte dentifrice, je n'ai aucun doute que je peux lui présenter n'importe quelle requête… n'importe où, n'importe quand!

... un dans chaque poche

Comme le psalmiste, je peux dire :

 «*Oui, j'aime l'Éternel car il m'entend... je l'invoquerai donc tous les jours de ma vie*».

Psaume 116.1

Chapter 12
Je n'étais pas la seule à rire !

Vers la fin de ma deuxième année à l'école biblique, un des professeurs nous a annoncé qu'il y avait une porte ouverte à l'Hôpital Shriners, à Montréal. Chaque samedi matin, quelqu'un pourrait aller annoncer l'Évangile à ces enfants handicapés. Immédiatement, je me suis portée volontaire. Mais, pour accepter un tel ministère, je savais que j'aurais besoin d'une voiture (celle que mon frère m'avait donnée avait rendue l'âme.)

Un matin, vers 7 h 20, tout en marchant dehors, j'ai présenté ma requête à mon Père céleste. Je n'avais aucun doute qu'il pourrait me fournir une voiture si telle était sa volonté. «Seigneur, lui dis-je, j'aurais besoin d'une vielle bagnole pour cet été et l'année prochaine.»

Quelques secondes plus tard, en repensant à ma requête, je me suis mise à rire. Pourquoi? Parce qu'une idée farfelue venait de pénétrer ma pensée. Même s'il la connaissait déjà, je n'ai pas hésiter de la lui partager.

—— Seigneur, je t'ai souvent demandé de vieilles bagnoles, et tu m'en as souvent données... peut-être que ça te ferait plaisir de m'en donner une neuve cette fois-ci... mais quelle que soit la voiture que tu choisirais pour moi, tu sais que j'en serais reconnaissante.

Je ne pouvais faire autrement que de rire... et j'étais convaincue que je n'étais pas seule à rire. En fait, nous rions souvent ensemble, mon Dieu et moi.

C'est un peu ce qui m'a poussé à formuler les mots suivants :

Mon Dieu et moi aimons marcher ensemble,
Dans la vallée comme dans la prairie.
Main dans la main nous cheminons ensemble,
Pas à pas sur le chemin de la vie.

Mon Dieu et moi aimons parler ensemble,
Nous bavardons comme de bons amis.
Nous discutons et nous rions ensemble.
Oh! combien j'aime être en sa compagnie.

Mon Dieu et moi toujours vivrons ensemble,
Et avec tous ceux qu'il a rachetés.
Nous le louerons, le bénirons ensemble,
Le glorifierons pour l'éternité.

Je devais revenir à temps pour le déjeuner à 7 h

30. À 7 h 40, j'ai entendu le téléphone sonner. L'appel était pour moi. Quelqu'un au bout du fil m'annonçait que dans la banque se trouvait l'argent nécessaire pour m'acheter une nouvelle voiture!

Peu de temps après, j'ai pu me procurer une Volkswagen flambant neuve! Le dimanche suivant, en partageant cette bénédiction avec les jeunes à l'école du dimanche, j'ai remarqué qu'un des garçons semblait perplexe. Il avait une question à me poser :

—— Pourquoi n'as-tu pas demandé une Cadillac?!»

J'ai saisi l'occasion pour lui dire (ainsi qu'aux autres élèves) que ce n'était pas d'une Cadillac dont j'avais besoin… et pour lui partager ce que j'avais bien saisi : Dieu n'a jamais promis de prendre soin de nos caprices, mais de nos besoins.

En plus, je les ai encouragés de présenter à Dieu leurs requêtes, car il est attentif à la prière de ses enfants. C'est ce que nous rappelle le psalmiste :

 «Mais voyez, Dieu m'a entendu et il a été attentif à mes supplications.»

Psaume 66.19

Ma requête

Chapitre 13
Une foi comme un grain de sénevé

Combien souvent on m'a fait la remarque : «Oui, mais toi, tu as une grande foi.» Presque chaque fois, je saisis l'occasion pour dire à la personne que je n'ai pas nécessairement une grande foi, mais plutôt une petite foi dans un grand Dieu.

Ce n'est pas par humilité… mais plutôt par honnêteté. À vrai dire, depuis le jour où j'ai commencé à lui faire confiance, il m'est souvent arrivé d'avoir non pas une grande foi, mais une foi… «comme un grain de sénevé». Ce qui est rassurant, c'est de constater que le Seigneur ne dédaigne pas une foi comme un grain de sénevé. Au contraire, il a déclaré :

 «Je vous le dis en vérité, si vous aviez de la foi comme un grain de sénevé, vous diriez à cette

montagne : Transporte-toi d'ici là, et elle se transporterait; rien ne vous serait impossible.»
Matthieu 17.20

C'est quoi au juste une foi «comme un grain de sénevé»? Permettez-moi vous en donner un exemple...

Tout au long de mon séjour à l'école biblique, j'ai vu le Seigneur pourvoir à tous mes besoins dans les moindres détails. Le 1er avril, vers la fin de ma troisième année, je savais que je devais payer les frais de scolarité du troisième trimestre.

À 5 h ce matin-là, je me suis recueillie près du foyer pour en parler à mon Père céleste. À cause de la grève des postes, je savais que je ne pouvais pas compter sur le courrier pour subvenir à ce besoin. Encore une fois, j'en étais réduite à faire confiance à celui qui a dit :

 «Demandez et vous recevrez; cherchez et vous trouverez; frappez, et l'on vous ouvrira. Car celui qui demande reçoit; celui qui cherche trouve, et l'on ouvre à celui qui frappe.»
Matthieu 7.7,8

Je me rappelle comme si c'était hier la prière que j'ai formulée ce matin-là : «Père céleste, j'aurais besoin de... (et là je me suis mise à sourire parce que je n'avais aucune idée de la somme dont j'avais besoin pour régler ma dette)... mais toi, Seigneur, tu le sais.»

Puis, voulant être totalement transparente puisqu'il voyait mon cœur de toute façon, j'ai continué à prier : «Mais, Seigneur, tu vois mon cœur… je ne peux PAS croire que tu vas pourvoir…» Une fois prononcées, j'ai réalisé la gravité de mes paroles. J'ai donc simplement continué ma prière : «… mais je ne peux PAS croire que tu ne le feras pas!»

Je ne savais pas COMMENT Dieu allait s'y prendre, mais sur la base de cette très petite foi, de la grosseur d'un grain de sénevé, il a pourvu à mon besoin. Une semaine auparavant, à la fin du culte d'adoration, quelqu'un m'avait remis une enveloppe sur laquelle étaient inscrits les mots suivants : «Ne PAS ouvrir avant le 1er avril… à midi.»

Pour respecter le désir de cette personne, j'ai patiemment attendu jusqu'à midi pile pour ouvrir l'enveloppe. J'y ai trouvé un chèque en blanc libellé en mon nom. La personne avait simplement écrit sur un bout de papier : «Inscris le montant dont tu as besoin!» Je me suis rendue au bureau de la trésorière, et aussitôt qu'elle m'a précisé combien je devais, j'ai simplement écrit le montant sur le chèque avant de le lui remettre.

Ce jour-là, le Seigneur a encore une fois choisi de me montrer qu'il n'était pas limité dans sa façon de trouver des moyens pour exaucer mes prières… même si parfois ma foi est comme «un grain de sénevé».

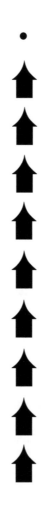

... un grain de sénevé

Chapitre 14
Les bâtons
dans les roues

Durant nos études à l'Institut Biblique Béthel, Carole et moi avons décidé de passer nos vacances de Noël dans la région de Montréal. Nous avons demandé la permission à notre pasteur, Élisée Beau, d'être hébergées dans le sous-sol de l'église de Longueuil.

Noël approchait à grands pas et, en faisant le tour des magasins, j'avais remarqué que Carole s'intéressait à une jolie blouse blanche qui coûtait 25 $.

C'était toute une somme à l'époque, mais qu'était ce montant pour celui qui a affirmé :

«C'est à moi qu'appartient tout l'argent et tout l'or... »   Aggée 2.8

Comme vous l'avez sans doute deviné, je n'avais

pas les moyens de la lui acheter. Je me rappelle avoir prié : «Seigneur, je sais que tu as promis de pourvoir à mes besoins, et tu l'as fait à maintes et maintes reprises depuis que j'ai quitté mon emploi. Je sais aussi que, tout comme un père terrestre, tu pourrais choisir de me donner au-delà de mes besoins. Alors, Seigneur, j'aurais besoin de 25 $. Ce n'est pas pour moi... c'est pour Carole (comme s'il ne le savait pas!)»

J'espérais TELLEMENT qu'il exauce cette prière. J'ai continué à lui présenter cette requête chaque jour jusqu'à 17 h la veille de Noël, l'heure de la fermeture des magasins. Je n'ai pas pu lui acheter sa blouse. Je suis arrivée à la conclusion que la réponse de Dieu avait été : Non! Prétendre que je n'ai pas été désappointée serait mentir.

J'étais triste, mais je n'ai pas blâmé mon Père céleste... cela aurait été ingrat de ma part. Je savais aussi qu'il ne m'avait jamais promis de me donner au-delà de mes besoins.

Ce soir-là, nous avons placé nos sacs à couchage sur la plate-forme à côté du gros arbre de Noël. Quelques minutes avant minuit, j'ai vu Carole aller chercher le cadeau qu'elle avait pour moi.

N'ayant rien à lui donner, je me sentais mal à l'aise. Mon cœur rusé a trouvé une excuse à donner à cette Américaine de la Californie. «Ici, au Québec, on

Ce n'est pas pour moi…

échange souvent nos cadeaux le jour de l'An», lui dis-je. Ce qui est vrai… mais ce n'était pas là la raison pour laquelle je n'avais rien à lui offrir ce soir-là.

J'ai continué à espérer que le Seigneur allait pourvoir cette somme au cours de la prochaine semaine. Deux jours après Noël, une des filles du pasteur est venue m'apporter trois lettres qui avaient été envoyées chez elle. En ouvrant la troisième enveloppe, j'ai trouvé un chèque de 25 $.

Curieuse, je lui ai alors posé la question : «À quel moment as-tu reçu cette lettre?» Je peux honnêtement dire que je n'ai pas été surprise de sa réponse : «Deux jours AVANT Noël!»

Ce jour-là, mon Père céleste qui aime faire plaisir à ses enfants m'a laissé voir qu'il n'avait pas ignoré ma requête. Je venais d'apprendre une autre leçon — parfois, nous les humains, nous pouvons «mettre les bâtons dans les roues» et être un obstacle à l'exaucement de la prière. J'étais vraiment reconnaissante de ne pas avoir blâmé mon Père céleste dont la fidélité ne cesse jamais de m'émerveiller.

 «Ton amour atteint jusqu'aux cieux, ta fidélité jusqu'aux nues.» Psaume 57.11

Chapitre 15
Encore une fois surprise

*N*ous avions besoin d'un aspirateur, et puisque nous avions seulement 60 $ en notre possession, nous en avons acheté un en plastique. Nous avons pu nous en servir pendant plusieurs mois… mais plus nous l'utilisions, plus nous nous rendions compte que nous en avions eu pour notre argent!

Un jour, en passant l'aspirateur à genoux, j'ai simplement présenté ma requête à mon Père celeste : «Seigneur, il doit y avoir un aspirateur Électrolux™ quelque part. Je suis prête à garder celui-ci… je ne veux vraiment pas être ingrate… mais un aspirateur plus puissant serait tellement plus efficace».

Quelques jours plus tard, j'ai demandé à mon frère de m'aider à sabler les taches de rouille sur ma voiture. Tout en travaillant, à brûle-pourpoint, il me posa la question :

— Quelle sorte d'aspirateur as-tu? Tout bonnement, je lui répondis :

— Un petit aspirateur en plastique que nous avons acheté pour nous dépanner.

Quelle ne fut ma surprise lorsqu'il m'annonça :

— Comment aimerais-tu avoir un aspirateur Électrolux™?

Peu de temps auparavant, il avait acheté cet aspirateur dans un marché aux puces dans l'intention de l'utiliser dans son garage puisqu'il en avait déjà un dans la maison. Je n'avais mentionné à personne cette requête, mais je pouvais compter sur celui qui a promis :

 «Si vous priez avec foi, tout ce que vous demanderez, vous l'obtiendrez.»
Matthieu 21.22

Chapitre 16
Mieux
qu'un cellulaire !

*I*l faisait beau, le soleil brillait, les oiseaux chantaient et mon cœur était rempli de joie en roulant sur la 25. Ce matin-là, j'avais demandé au Seigneur de me donner l'occasion de parler de lui durant la journée.

À un moment donné, j'ai entendu un bruit bizarre… un bruit que je n'avais pas entendu depuis bon nombre d'années, mais que j'ai immédiatement reconnu… un pneu venait d'éclater. J'ai tout de suite rangé ma voiture le long de la grand-route.

Ayant souvent eu à changer un pneu, je n'avais pas à m'inquiéter ni à paniquer. J'allais soulever la voiture à l'aide d'un cric… mais où se trouvait-il ? Après avoir consulté le livre d'instruction et l'avoir trouvé, je fus vraiment désappointée de constater qu'il m'était impossible de desserrer les boulons.

Ne sachant que faire, je me suis assise dans la voiture du côté passager. Puis, je me suis dit : «Avoir un cellulaire dans une *telle situation serait merveilleux!*» Réflexion faite, j'ai entendu (non pas de vive voix!) la remarque suivante : «Tu as mieux qu'un cellulaire!» Je savais de qui venait cette idée, et celui qui me l'avait transmise avait raison! Je pouvais faire appel à lui n'importe quand, et cela gratuitement!

C'est ce qu'il m'encourage de faire dans Psaume 50.15 :

«... tu pourras m'appeler au jour de la détresse : je te délivrerai, et tu me rendras gloire».

Je me rappelle avoir fermé les yeux et lui avoir dit tout simplement : «Seigneur, c'est encore moi! Je suis de nouveau mal prise… voudrais-tu me dépanner?» En ouvrant les yeux, j'ai sursauté. Devant ma voiture se trouvait une remorqueuse! Je ne l'avais pas entendu venir, mais je savais que ce n'était pas un hasard.

—— Avez-vous un problème, ma chère dame?

C'était la voix d'un Haïtien. Je n'ai pas hésité de lui partager que j'avais besoin de l'aide d'un homme fort! Il m'a assurée que me dépanner lui ferait plaisir. Il s'est accroupi près de la voiture. Je me suis tout de suite penchée espérant que c'était la personne à qui je devais témoigner de ma foi.

—— Merci d'avoir pris le temps d'arrêter, lui dis-je, je l'apprécie beaucoup. Je venais tout juste de demander au Seigneur d'envoyer quelqu'un à mon secours.

À ma grande surprise, il s'est écrié :

—— Dieu soit loué !

J'ai immédiatement compris que le Seigneur avait choisi de m'envoyer un de mes frères dans la foi pour exaucer ma prière.

Il s'est alors mis à m'expliquer pourquoi il se trouvait sur la 25 ce beau matin de juillet :

—— La voiture d'un de mes amis est tombée en panne hier sur la 440, et je n'ai pas eu un seul moment libre pour aller la remorquer.

Je ne pus faire autrement que de lui poser la question :

—— Ton ami est-il croyant ?

Après m'avoir assurée qu'il l'était, j'ai poursuivi la conversation en l'encourageant à demander à son copain si, hier, il avait pu dire par la foi : Je ne comprends pas, Seigneur, mais je te fais confiance. Il doit y avoir une raison pourquoi ma voiture est tombée en panne.

—— S'il a pu le faire, voudrais-tu lui dire que c'était pour moi ?

On raconte

Chapitre 17
Dieu n'oublie pas!

'Une fois l'EXPO 67 terminée, j'ai eu le privilège de travailler comme missionnaire pendant une année avec l'Association pour l'évangélisation des enfants. Voyant le besoin d'approfondir ma connaissance biblique, j'ai décidé d'aller suivre le cours de trois ans à l'Institut Biblique Béthel, à Lennoxville.

Durant les étés, Carole et moi demeurions dans le sous-sol de l'Église Baptiste Évangélique du Sud, à Longueuil. Une entente avait été faite selon laquelle nous travaillerions pour l'Église sans recevoir de salaire. Par contre, un montant d'argent allait être mis de côté pour aider à payer mes études à l'école biblique.

En plus, l'Église nous remettait la somme de 15 $ chaque dimanche soir pour nous aider à acheter de la nourriture et de l'essence... chose possible à l'époque!

Un certain dimanche soir, le trésorier a complètement oublié de nous remettre ce montant. Au début, nous nous demandions ce que nous allions faire, mais nous avons décidé de ne pas souffler mot à personne... une politique qui dure encore aujourd'hui.

Puis, nous sommes toutes les deux venues à la même conclusion. Nous avions tellement souvent communiqué aux enfants, aux adolescents et aux adultes que Dieu POUVAIT pourvoir à nos besoins, c'était l'occasion rêvée pour voir ce qu'il allait faire pour nous cette semaine-là.»

N'avait-il pas dit :

 «Ne vous mettez en souci pour rien, mais en toute chose, exposez vos besoins à Dieu...»?
Philippiens 4.6

C'est ce que nous avons fait. Chose étrange, nous n'avons jamais eu autant de visiteurs que durant les prochains jours. Un soir, une des jeunes filles que j'enseignais à l'école du dimanche m'a demandé si elle pouvait venir souper avec nous le lendemain soir, avant la réunion de prière.

En l'assurant qu'elle serait la bienvenue, je me suis demandé ce que nous allions lui servir puisque le frigo était presque vide. Juste avant de partir, elle me dit :

—— Oh! j'ai oublié de vous mentionner que ma mère m'a dit que je pourrais apporter n'importe quels légumes du jardin, si jamais je venais souper avec vous demain soir.

Vous l'avez deviné! Le lendemain soir, nous avons pu déguster une très bonne salade.

Pendant la semaine, je suis allée rendre visite à une chrétienne de l'Église. Avant de la quitter, elle ouvrit son garde-manger et, en pointant vers une boîte de conserve, me dit :

—— Aurais-tu besoin de ceci… mon fils n'aime pas ça. Aurais-tu besoin de cela… ma fille n'aime pas ça. Et puis ça? Mon mari n'aime pas ça non plus!

En sortant de sa maison, j'ai pris avec moi un sac rempli de toutes sortes de boîtes de conserve qui nous ont été utiles toute la semaine, même en voyage.

Nous avions promis d'aller faire de l'évangélisation à l'Exposition de Sherbrooke. Ayant un seul dix sous en notre possession, nous avons pris avec nous quelques-unes des boîtes de conserve. Il faisait tellement chaud, qu'à l'heure du dîner, tout ce que nous avons eu à faire était d'ouvrir une boîte de fèves au lard et de les manger.

Sous la tente où nous annoncions l'Évangile, nous pouvions acheter une boisson gazeuse pour dix sous. Je me suis dit : «Pourquoi pas? De toute façon, nous ne pourrons pas nous acheter grand-chose avec cette somme. Il vaut mieux nous désaltérer.» Au moment même où j'allais déposer mes dix sous, une femme est venue vers moi en disant :

—— Aurais-tu dix sous à me donner ?

Je ne sais pas si elle a vu mon hésitation, mais je dois avouer que ce n'est pas avec gaieté de cœur que je lui ai remis la pièce de dix sous, même si j'avais répondu : «Bien sûr!»

Je me suis tout de suite rappelée ce que M. Walter Angst, directeur de l'Institut Biblique Béthel, nous avait partagé un jour en classe : «Parfois, on peut être plus attaché à dix sous qu'à mille dollars!»

Peu de temps après, cette femme est venue me donner un dollar et, malgré le fait que je voulais lui remettre le change, elle a refusé. Nous avons fini par avoir dix fois plus d'argent!

Chapitre 18
Dernier
bol de soupe

*L*e lendemain, nous nous retrouvions dans la cuisine au sous-sol de l'église, et il ne nous restait qu'un bol de soupe à manger.

Lorsque Carole m'a demandé de rendre grâce, je savais que je devais être honnête, puisque de toute façon Dieu voyait mon cœur. Je priai alors : «Merci pour ce bol de soupe... mais, Seigneur, ce serait si bon de bonnes tomates».

Nous venions à peine de dire «Amen» lorsque quelqu'un a frappé à la porte. Quelle ne fût notre surprise en entendant une jeune femme demeurant pas tellement de loin de l'église nous annoncer :

—— Eh! les filles, j'ai tellement acheté de tomates cette semaine, je ne sais pas quoi en faire! En voulez-

... en voulez-vous?

vous?

J'ai pensé à Ésaïe 65.24 :

 «*Alors, avant qu'il m'invoquent, je les exaucerai; ils parleront encore que j'aurai déjà entendu.*»

Quel festin! Jamais nous n'oublierons combien délicieuses étaient ces tomates, et comment Dieu avait exaucé notre prière même avant qu'elle soit formulée.

Aujourd'hui, nous savons que nous n'aurions pas voulu que le trésorier se souvienne qu'il devait nous remettre ces quinze dollars car, une fois de plus, notre foi en notre Père céleste s'était affermie.

Ma requête

_____

_____

_____

_____

_____

_____

_____

_____

_____

_____

_____

_____

_____

_____

_____

_____

_____

_____

_____

_____

Chapitre 19
Quel lit!

*L*e premier logement que nous avons loué nous coûtait seulement 60 $ par mois. C'est vrai qu'il ne valait pas plus! Il n'y avait pas de baignoire, pas de douche et même pas d'évier dans la cuisine.

À l'époque, même si c'est tout ce que nous pouvions nous permettre de payer, nous étions tout de même reconnaissantes. Mais lorsque les parents de Carole nous ont laissé entendre qu'ils aimeraient nous rendre visite, nous nous sommes tout de suite demandé ce qu'ils penseraient de notre logement modeste.

Parce qu'ils demeuraient dans une maison luxueuse et climatisée en Californie, nous avons demandé à Dieu de baisser la température pour que ce soit agréable pour eux (et pour nous!) durant leur séjour au Québec.

La semaine avant leur arrivée, nous crevions de chaleur. Il faisait tellement chaud dans la maison qu'une chandelle (que nous avons gardée en souvenir) a commencé à fondre à la chaleur de la pièce. Lorsque sa mère nous a demandé au téléphone si notre logement était frais, nous lui avons répondu :

— Oui… lorsque le fond de l'air est frais, que la fenêtre est ouverte et qu'il y a un bon vent !

Au lieu de nous inquiéter, nous avons présenté notre problème à notre grand Dieu, qui est au contrôle non seulement du temps, mais aussi de la température. Tout au long de la semaine qu'ils ont séjourné chez nous, la température variait entre 18 et 20 degrés Celsius. Nous n'étions même pas obligées d'ouvrir les fenêtres !

Cela n'a pas réglé tous nos problèmes. Parce que sa mère avait souvent des maux de dos, chez elle, elle dormait dans un grand lit double. Nous aurions bien voulu lui offrir un lit convenable, mais nous n'en avions pas. En fait, celui que nous pouvions lui offrir était un vieux lit que quelqu'un nous avait donné.

Le problème, c'est que par expérience nous savions que celui-ci pouvait s'effondrer à n'importe quel moment du jour ou de la nuit. Non seulement cela, les ressorts sortaient du matelas. La seule alternative aurait été pour ses parents de dormir dans un sofa-lit, mais puisqu'il n'y avait pas de porte dans le salon, nous avons cru bon leur offrir la chambre à coucher où se trouvait le lit imprévisible.

Encore une fois, nous en avons parlé à notre

Père céleste. Nous avons même osé lui demander de soutenir le lit durant leur séjour. Nous avons eu du mal à nous retenir pour ne pas rire lorsque, chaque matin, sa mère se levait en disant :

—— Je n'ai jamais si bien dormi de ma vie!

Nous savions que le Seigneur avait exaucé nos prières. Comme le psalmiste, chacune de nous pouvait dire :

 «*L'Éternel exauce mes supplications, l'Éternel accueille ma prière.*»

Psaume 6.9

Le plus drôle, c'est que le soir après leur départ, en me couchant... vous l'avez deviné... le lit s'est effondré! Nous avons éclaté de rire en nous rendant compte que le lit que nous croyions imprévisible était, après tout, très prévisible!

... il était, après tout,
très prévisible!

Chapitre 20
C'est quoi ça?

Nous n'avions pas de frigo dans le logement que nous avions sous-loué. Cet hiver-là, nous nous contentions de placer notre nourriture sur le balcon dans la neige.

La plupart du temps, ce «frigo» extérieur nous dépannait assez bien, sauf lorsqu'il faisait 40 degrés sous zéro et qu'il nous était impossible d'ouvrir la porte patio! Une fois le printemps arrivé, et la neige fondue, nous avons commencé à prier Dieu plus assidûment pour qu'il pourvoie à ce besoin.

Un soir, alors que nous n'attendions pas de visite, quelqu'un a frappé à la porte. Nous nous sommes regardées en nous demandant qui pouvait bien être là. En ouvrant la porte, nous nous sommes trouvées devant un homme et une grosse boîte.

—— C'est quoi ça? avons-nous demandé au

livreur.

— C'est un frigo… et il est à vous à une condition… que vous ne disiez à personne qui vous l'a donné.

Inutile de vous dire que nous avons vite décidé de remplir la condition! Nous avons ensuite pris le temps de remercier notre Père céleste qui avait choisi d'exaucer notre prière, même si nous avons été surprises devant l'évidence de son exaucement!

Pourtant, nous connaissions très bien la promesse qui se trouve dans 1 Jean 5.14,15 :

«Nous avons auprès de lui cette assurance, que si nous demandons quelque chose selon sa volonté, il nous écoute. Et si nous savons qu'il nous écoute, quelque chose que nous demandions, nous savons que nous possédons la chose que nous lui avons demandée.»

... à une condition.

Ma requête

_____

_____

_____

_____

_____

_____

_____

_____

_____

_____

_____

_____

_____

_____

_____

_____

_____

_____

_____

Chapitre 21
Un oubli ou
un exaucement?

Un jour, notre mission nous a demandé de visiter certaines Églises de notre Association dans l'ouest du Canada pour présenter notre ministère et faire connaître l'œuvre du Seigneur au Québec.

Avant de partir, nous étions conscientes que les pneus de notre Volkswagen étaient pas mal usés. N'ayant pas l'argent pour en acheter d'autres, et sachant que le Seigneur était au courant de ce besoin, nous avons simplement choisi de lui faire confiance au lieu de nous inquiéter.

Nous avons voyagé de Montréal à Vancouver sans aucun problème. En route, nous avons eu le temps de présenter ce besoin à Dieu à plusieurs reprises. Nous ne doutions pas qu'il pouvait nous surprendre, mais nous n'aurions jamais pu imaginer de quelle façon il allait le faire.

Nous devions être hébergées chez un pasteur et son épouse dans la banlieue de Vancouver. En arrivant, le pasteur est venu à notre rencontre sur le trottoir. Après s'être présenté, il a regardé notre voiture. Puis, le sourire aux lèvres, il nous a posé une question qui nous a presque fait sursauter :

—— Avez-vous besoin de pneus ?

Comment le savait-il ? Il ne le savait pas, mais notre bon Berger, lui, le savait ! Non seulement il était au courant de notre situation, il savait déjà comment il allait subvenir à ce besoin.

—— Moi aussi, j'avais une Volkswagen, nous dit-il. Je l'ai vendue dernièrement, et pouvez-vous croire que j'ai complètement oublié de vendre à l'acheteur mes pneus d'hiver qui sont pratiquement neufs ? Vous seraient-ils utiles ? Si vous les voulez, ils sont à vous !

Utiles ?? Non seulement étaient-ils utiles, mais indispensables pour l'hiver qui approchait.

 «Avant qu'ils m'invoquent, je répondrai; avant qu'ils aient cessé de parler, j'exaucerai.» Ésaïe 65.24

Avez-vous besoin de pneus?

Ma requête

Chapitre 22
Quelle idée erronée!

Lorsque nous sommes allées œuvrer à l'Église Baptiste Évangélique d'Ahuntsic qui venait d'être implantée, il était évident que nous devions quitter notre logement sur la Rive-Sud (ce qui n'a pas été difficile à accepter!) pour en trouver un dans le nord de la ville.

Nous savions très bien où NOUS aurions aimé demeurer. En fait, chaque fois que nous passions devant le domaine Saint-Sulpice qui, selon nous, était pour les riches, nous disions en plaisantant :

—— C'est ici que nous devrions demeurer!

Nous nous considérions seulement comme deux «pauvres missionnaires» qui ne pourraient sûrement pas se permettre de vivre dans ce secteur. Pour une raison ou pour une autre, j'avais l'impression que demeurer dans un logement minable serait plus «spirituel» que dans un logement luxueux. Quelle idée erronée j'avais à l'égard de mon Dieu! Moi qui avais appris à être contente dans la disette, j'ignorais que j'allais bientôt apprendre à être contente dans l'abondance.

La fin de semaine avant de nous mettre à la recherche d'un logement, nous étions allées parler dans une église en Ontario qui nous soutenait financièrement. Le soir, après la réunion, nous avons été hébergées chez une famille chrétienne… riche! Il était évident que ces chrétiens jouissaient de leur luxueuse maison, et qu'ils réjouissaient le cœur de Dieu en lui étant reconnaissants.

Le lendemain matin, en me réveillant, j'ai regardé autour de moi, et je me suis mise à parler à mon Père céleste : «SI tu veux nous gâter cette fois-ci, je suis prête!» J'étais sérieuse!

Quelques jours plus tard, en consultant une carte de la ville d'Ahuntsic, nous avons fixé des limites à notre recherche — nous avons décidé d'aller visiter chaque logement à louer dans un rayon de deux kilomètres autour de l'église. C'est ce que nous avons fait… du matin au soir, mais sans résultat. Le lendemain, j'ai annoncé à Carole que j'étais prête à continuer la recherche seule.

—— Je connais tes goûts, lui dis-je, et si jamais

je trouvais un logement qui ferait ton affaire, j'irai te chercher pour qu'on le visite ensemble.

La première pancarte que j'ai vue ce matin-là se trouvait sur un duplex de la rue Louvain, dans le domaine Saint-Sulpice! Vu l'heure matinale, je n'osais pas frapper à la porte... et, pour être bien franche, je croyais que c'était trop audacieux de croire que nous pourrions demeurer dans un si beau secteur.

Puis, je me suis rappelée que nous devions visiter chaque logement à louer. J'ai donc décidé de retourner plus tard ce jour-là. Durant l'avant-midi, j'ai visité TOUS les autres logements à louer dans le territoire en question. Vers 11 h 30, il n'en restait qu'un seul à visiter... celui situé à 1140, rue de Louvain.

Lorsque la propriétaire m'a annoncé qu'elle le louait pour 135 $ par mois, j'ai tout de suite sauté à la conclusion que ce logement n'était sûrement pas pour nous. Après tout, nous ne payions que 60 $ par mois sur la Rive-Sud... même si ça n'en valait pas plus! Mais je me suis dit que le visiter ne coûterait rien!

En entrant, une seule question me venait à l'esprit : Comment dire «non» à un si beau logement ? J'ai donc téléphoné à Carole pour lui annoncer la nouvelle :

—— J'ai trouvé le logement idéal... mais il faut que tu viennes m'aider à dire non!

Puisque ni l'une ni l'autre n'a été capable de refuser un tel cadeau, nous avons signé un bail d'un an en nous disant que si nous avions du mal à joindre les deux bouts, nous n'aurions qu'à déménager de nouveau l'année suivante.

Ce qui nous a poussé à signer ce bail est plutôt le commentaire de la femme du propriétaire :

—— Hier, 27 personnes sont venues pour louer le logement et, chaque fois, j'avais l'impression que ce n'était pas à cette personne-là que je devais le louer! Mais en vous voyant ce matin, je savais que c'était vous que je voulais comme locataire!

L'année suivante, nous savions que le prix du logement allait probablement augmenter, et nous étions conscientes que si le prix était trop élevé, nous allions être obligées de déménager. Nous avons décidé que nous allions être reconnaissantes d'avoir été gâtées par le Seigneur pendant toute une année.

Lorsque le moment est venu pour signer le prochain bail, le propriétaire nous a dit, en souriant, que le prix du logement n'allait pas augmenter. Et, grâce à Dieu qui avait choisi ce couple pour nous donner «au-delà de nos besoins», c'est exactement ce qu'il a choisi de faire chaque année... pendant sept ans! La septième année, le propriétaire a voulu vendre son duplex. Lorsqu'il est venu nous voir pour nous annoncer la nouvelle, nous avons remarqué qu'il avait l'air piteux.

—— J'ai un problème, dit-il. On voudrait vendre

notre duplex, mais chaque fois qu'une personne intéressée nous demande ce que nous vous chargeons pour le loyer, elle change d'idée. Je n'ai pas le choix, je dois augmenter votre loyer de 65 $ par mois!!

Instantanément, nous avons toutes les deux pensé la même chose — nous serons obligées de déménager! MAIS... le propriétaire n'avait pas terminé :

—— Je SAIS que vous ne mentez pas. Si une personne intéressée venait vous demander combien on vous charge, on sait que vous leur diriez la vérité. Alors, on a décidé d'augmenter le loyer de 65 $. De cette façon, on pourra dire que nous louons le logement pour 200 $. Donc, à partir de maintenant, votre loyer est de 200 $ ... MAIS, à la fin de chaque mois, nous vous remettrons la somme de 65 $!!!

Encore une fois, nous venions d'être assurées que

 «lorsque l'Éternel approuve les voies d'un homme (femme), il dispose favorablement à son égard même ses ennemis».

Proverbes 16.7

Ma requête

_____

_____

_____

_____

_____

_____

_____

_____

_____

_____

_____

_____

_____

_____

_____

_____

_____

_____

_____

_____

_____

_____

Chapitre 23
Un incendie qui tient du miracle!

Nous avions demeuré neuf ans dans ce logement lorsque quelqu'un nous a posé la question :

—— Pendant combien de temps allez-vous demeurer dans ce duplex?

Je me rappelle avoir répondu :

—— Aussi longtemps que Dieu le voudra. Le Seigneur a bien voulu nous gâter en nous donnant ce logement... mais s'il choisissait de nous l'enlever, nous voudrions continuer à avoir un cœur reconnaissant.

Quelques jours plus tard, à 2 h 15 du matin, nous avons été réveillées par un cri strident.

—— Alain, sors! Alain, sors!

Nous ne savions pas que deux adolescents étaient

couchés au sous-sol, et qu'ils avaient consommé de la drogue durant la nuit. Voulant dissimuler la senteur, ils avaient décidé de placer des chandelles ici et là. À un moment donné, une des chandelles est tombée sur un des sacs à couchage et, dans le temps de le dire, le bâtiment était en feu.

Voulant sauver la vie de son copain, Micaël avait crié à tue-tête :

—— Alain, sors !

et il a ouvert la porte du garage.

En ouvrant la porte, le feu s'est répandu pour atteindre le plafond de l'étage inférieur. Le propriétaire a vite sonné à notre porte pour nous réveiller. Inutile de vous dire que nous l'étions déjà.

—— Sortez votre argent ! criait-il.

Le peu d'argent que nous possédions n'était pas ce qui importait le plus. Chacune de nous se demandait ce qui serait le plus utile de prendre avec elle. Moi, j'ai choisi mon manteau le plus chaud (c'était en plein hiver), et mes meilleures bottes. Carole, elle, a choisi sa précieuse flûte traversière en argent... qu'elle avait reçue comme exaucement à la prière.

Avant de sortir du bâtiment, nous avons essayé de téléphoner aux pompiers, mais déjà la ligne était coupée. Heureusement, quelqu'un s'était chargé de les appeler pour nous. On l'a assuré que les pompiers allaient arriver sous peu au 1140, rue Louvain Est, mais pour une raison inconnue, ils se sont rendus au 1140, rue Louvain Ouest.

Une fois arrivés, ils nous ont annoncé que la pression d'eau était trop basse. Je regardais ce qui se passait, et ne pouvais pas comprendre pourquoi ils bougeaient si lentement. Cela aurait dû m'énerver, mais je me sentais entourée de la présence de celui qui avait promis :

 «... *et si tu passes par le feu, avec toi je serai*». Ésaïe 43.2

En descendant les marches, je me rappelle avoir remercié le Seigneur pour cette importante vérité que j'avais apprise dans un chant au Camp de Béthel durant mon enfance. À l'instant même, j'ai reçu la conviction que «le feu n'irait pas plus haut que le plafond du rez-de-chaussée». Nous demeurions à l'étage supérieur. Rendues sur le trottoir nous pouvions voir les vitres éclater et les flammes monter.

Je continuais à répéter : «Merci, Seigneur, que le feu n'ira pas plus haut que le plafond du rez-de-chaussée!» J'en étais absolument convaincue! Une voisine est venue vers moi tout excitée :

—— C'est vous qui demeurez là, n'est-ce pas ? Vous avez donc l'air calme.

Ne voulant pas qu'elle croie que ce calme venait

de moi, je lui ai fait part de l'assurance que Dieu m'avait donnée, grâce à sa promesse. J'ai même eu ce qu'il fallait pour lui dire :

— Je n'ai pas à m'inquiéter... le feu n'ira pas plus haut que le plafond du rez-de-chaussée!

Ce soir-là, en écoutant les nouvelles à la télé, nous avons entendu le chef des pompiers parler de l'intensité du feu et du réservoir d'huile qui avait été rempli la veille de l'incendie. Et, il a terminé en déclarant :

— On ne peut pas comprendre pourquoi le feu n'est pas allé plus haut que le plafond du rez-de-chaussée. Il n'y a qu'une seule explication : c'est un «incendie qui tient du miracle.»

Chose certaine, *nous* savions qui en était l'auteur!

Chapitre 24
Le montant exact

Cette année-là, nous avions reçu d'un peu partout la somme de 532 $ comme cadeau de Noël. Jamais les gens n'avaient été aussi généreux envers nous, et nous en étions très reconnaissantes. Mais nous nous sommes toutes les deux posé les mêmes questions : «Comment pouvons-nous garder tout cet argent pour nous ? Avec qui pourrions-nous le partager?» Tout de suite, plusieurs personnes sont venues à notre esprit.

En plus, des amis avaient offert de nous payer un séjour dans la ville de Québec, ce que nous avons accepté avec beaucoup de reconnaissance. En revenant à Montréal, le jour de Noël, il faisait extrêmement froid. Rendues à mi-chemin, nous avons remarqué que notre Volkswagen ralentissait peu à peu. À un moment donné, nous ne roulions qu'à environ 60 km à l'heure, puis à 50, puis à 25.

Quoi faire? Étant un jour férié, nous savions que tous les garages étaient fermés. En roulant, je me rappelle avoir demandé à notre Père céleste de nous permettre de nous rendre à Montréal. Nous roulions à peine lorsque nous sommes arrivées au Tunnel Hippo-lyte-Lafontaine… à la limite même de la ville.

Nous avons finalement réussi à faire remorquer la voiture jusqu'à notre garage qui était à proximité. Mais quelque chose nous chicotait. En tant que fem-mes, nous savions très bien que les garagistes pourraient facilement nous tromper. Là encore, nous devions faire confiance à Dieu non seulement pour payer la facture, mais pour ne pas nous faire avoir.

Le lendemain matin, nous avons communiqué avec le garagiste pour le mettre au courant de la situ-ation et lui demander de réparer la voiture. Quelques jours plus tard, lorsque nous sommes allées la chercher, on nous a remis la facture. Quel montant devions-nous? 532 $!!

Nous ont-ils trompées?? Nous ne le saurons probablement jamais. Si oui, nous avons la conviction que Dieu avait pourvu pour toutes les éventualités!

 «Car l'Éternel est bon; sa bonté dure toujours, et sa fidélité de génération en génération.»
Psaume 100.5

... à la limite même
de la ville

Ma requête

_____

_____

_____

_____

_____

_____

_____

_____

_____

_____

_____

_____

_____

_____

_____

_____

_____

_____

_____

_____

_____

_____

Chapitre 25
Dieu n'est
jamais en retard!

Même si notre ministère gravitait surtout autour des enfants, nous avions aussi à cœur de communiquer l'Évangile aux femmes de notre région. Pour ce faire, nous avions besoin d'une machine que l'on appelait communément un «codaphone» qui servait à enregistrer chaque semaine un message évangélique. Le seul problème, c'est que nous n'avions pas d'argent pour l'acheter.

Mais, pour notre Dieu à qui appartiennent tout l'argent et l'or, ce n'était pas chose impossible. Nous avons donc fait des démarches pour trouver un «codaphone» de bonne qualité. Nous en avons trouvé un pour la somme de 507 $.

N'ayant pas ce montant en main, mais étant

convaincues que c'était la volonté de Dieu, nous avons décidé de faire, par la foi, trois chèques au montant de 169 $. Un de ces chèques devait être encaissé le 19 mai, le deuxième le 19 juin et, le troisième, le 19 juillet.

Le 19 mai, nous avions reçu assez d'argent pour couvrir le premier versement. Quelques jours avant le 19 juin, nous n'avions pas reçu tout l'argent pour couvrir le montant en question. Mais, ce jour-là, Dieu a encore une fois pourvu la somme nécessaire. Le 18 juillet, nous avions reçu 150 $. Il nous manquait donc 19 $. Au lieu de nous inquiéter, nous en avons parlé à notre Dieu qui, encore une fois, nous a montré qu'il n'est jamais en retard.

Le 19 juillet, nous avons reçu une lettre d'un groupe de jeunes en Colombie-Britannique dans laquelle se trouvait un chèque pour la somme de 20 $ pour «un de nos ministères». Nous ne les connaissions pas, mais nous connaissions notre Dieu qui est toujours fidèle.

Ce qui était étonnant, c'est que nous n'avions jamais reçu un don de ce groupe auparavant… et nous n'en avons jamais reçu depuis.

Sa fidélité continue encore à nous étonner, et nous pouvons dire, comme David :

 «Éternel! ta bonté atteint jusqu'aux cieux, ta fidélité jusqu'aux nues.» Psaume 36.6

Chapitre 26
On s'en vient!

Après avoir œuvré dix ans à l'Église Baptiste Évangélique d'Ahuntsic, au cours desquels nous avions formé les moniteurs de l'école du dimanche, deux questions sont venues à notre esprit : Avons-nous terminé notre ministère ici? Le Seigneur voudrait-il que nous allions aider une autre Église?

Carole venait de conduire au Seigneur un petit garçon qu'elle avait eu à cœur pendant trois ans. À plusieurs reprises, elle m'avait annoncé :

—— Si le Seigneur voulait nous utiliser ailleurs, je suis prête. Martin a accepté Jésus comme Sauveur.

Personnellement, j'hésitais de partir surtout à cause des merveilleux moments que je passais avec les élèves que j'enseignais depuis six ans à l'école du dimanche. Chose certaine, avant de bouger je voulais m'assurer que cette idée venait de Dieu, et non pas simplement de nous. Mais comment le savoir?

Cet été-là, Carole est allée suivre un cours en Suisse. J'ai donc décidé de visiter, avec un cœur ouvert, plusieurs Églises de la région de Montréal. Un dimanche matin, je me suis trouvée à l'Église Baptiste Évangélique de Terrebonne-Mascouche. Je ne peux pas expliquer exactement pourquoi, mais à la fin du culte, je n'avais qu'une seule idée en tête : Ils auraient vraiment besoin d'aide ici! Mais il fallait plus qu'une impression... je devais être absolument certaine que c'est Dieu qui dirigeait.

Le lendemain, assise à mon pupitre au bureau de l'Association, je me suis dit :

—— Je sais ce que je vais faire, je vais appeler le pasteur. Il est bien placé pour savoir si l'Église a besoin de nous ou non.

En regardant ma montre, j'ai vu qu'il était 12 h 15. Croyant qu'il était en train de manger, j'ai décidé d'attendre un peu.

Mais, à tout bout de champ, je regardais ma montre et me disais :

—— Ah! si seulement je pouvais lui parler... après tout, ça prendrait simplement cinq minutes. Je vais l'appeler.

Puis, chaque fois, je changeais d'idée. Trois ou quatre fois de suite, j'ai pris le combiné téléphonique pour ensuite le replacer. Autrement dit, je flottais dans l'indécision… mais, dans mon cœur, je demandais au Seigneur de nous montrer clairement quelle était sa volonté.

Tout à coup, j'ai entendu une voix derrière moi :

—— Marianne, aurais-tu cinq minutes à m'accorder?

Je ne pouvais pas en croire mes oreilles. La voix était celle du pasteur avec qui j'aurais tellement voulu parler. Avant qu'il me dise quoi que ce soit, j'ai répondu :

—— Tu ne pourrais jamais me croire.

C'était à son tour d'être surpris :

—— Que veux-tu dire?

Et à moi de répondre :

—— Eh bien, j'aimerais premièrement savoir ce que TOI tu as à me dire.

Après avoir hésité quelques secondes, il me partagea la raison de sa visite :

—— Depuis au moins deux ans, j'aurais voulu demander à toi et à Carole de venir nous aider à Terrebonne-Mascouche.

Je suis convaincue qu'il ne s'attendait jamais à ma réponse :

—— On s'en vient!

Sachant qu'il est facile de passer à côté de la

volonté de Dieu, j'ai ajouté que j'étais certaine à 98 %...
et que j'allais lui donner une réponse en dedans de
quelques jours. J'ai ensuite saisi l'occasion pour lui expliquer comment le Seigneur avait préparé nos cœurs
en vue de ce nouveau défi.

Ce n'était pas la première fois, ni la dernière, que
nous avons compté sur lui pour nous faire connaître le
chemin où nous devions marcher.

«Dès le matin, annonce-moi ta bienveillance,
car c'est en toi que j'ai mis ma confiance!
Fais-moi connaître la voie que je dois suivre,
car c'est vers toi que je me tourne!»

Psaume 143.8

Chapitre 27
Marché conclu

En tant que responsable de l'école du dimanche, je suis allée visiter chaque salle de classe. Rendue à celle des 4-5 ans, j'ai été surprise de constater qu'il n'y avait aucun meuble, même pas une seule chaise.

Il y avait un tapis, mais celui-ci était plein de taches d'huile. Je ne pouvais pas m'imaginer que nous accueillerions une vingtaine d'enfants le dimanche suivant dans un tel contexte.

Quoi faire? Le trésorier était sur la défensive lorsque je lui ai présenté le problème. Avant même d'avoir terminé ce que j'avais à dire, il a déclaré : «Mais on n'a pas d'argent.» Je savais que la situation financière de l'Église était précaire. Mais je savais aussi que nous pouvions présenter à Dieu notre besoin.

—— Mais ce n'est pas une question d'argent, lui dis-je, c'est une question de besoin. Si c'est un besoin, et ce l'est, Dieu va pourvoir. Dites-moi, combien d'adultes reviendraient la semaine prochaine si ce dimanche-ci ils devaient s'asseoir par terre... sur un tapis aussi sale?

—— Que suggères-tu qu'on fasse?

—— Je suggérerais qu'on demande à Dieu de subvenir à ce besoin et qu'on le laisse nous surprendre. Je peux faire des démarches, si vous le voulez, pour trouver les chaises les moins dispendieuses en ville...

—— Vas-y, me dit ce trésorier qui était aussi un directeur d'école.

—— Oh! j'ai oublié de vous dire que ce n'est pas de n'importe quelle sorte de chaises dont nous avons besoin. Il nous faut des chaises pour enfants — dont la hauteur est entre 31 et 35 centimètres... et il nous en faudrait 25.

Voyant sur son visage qu'il croyait que j'exagérais, j'ai continué en disant :

—— Que diraient les adultes si chaque dimanche pendant le culte ils devaient s'asseoir sur une chaise sans être capable de mettre les pieds à terre? Pensez-vous qu'ils seraient encouragés de revenir?

Le lendemain matin, j'ai commencé à faire le tour des magasins pour trouver le meilleur prix. Quelques heures plus tard, j'avais trouvé le magasin, un camion et un chauffeur qui serait prêt à aller chercher les chaises

... il en faudrait 25.

le vendredi, à midi pile. Entre temps, j'ai demandé au Seigneur de pourvoir à ce besoin. Je ne savais pas de quelle façon il allait s'y prendre, mais cela n'était pas de mon ressort.

Vers 11 h 15, le trésorier m'appelle pour me dire :

—— Tu ne croirais jamais ce qui vient d'arriver!

Je ne savais pas ce qu'il avait à m'annoncer, mais je savais que j'allais le croire!

—— Une de mes anciennes élèves qui travaille à la commission scolaire vient de m'appeler pour me demander si notre école avait besoin de chaises. Sur le coup, je lui ai dit que non, mais en pensant aux chaises dont nous avons besoin pour l'église, je lui ai demandé si elle serait prête à nous les donner.

—— Qu'a-t-elle répondu?

—— Crois-le ou non, elle m'a demandé de quelle hauteur de chaises nous avions besoin. Après avoir précisé ce qu'il nous fallait, elle m'a tout de suite assuré que nous les aurions avant 17 h ce soir-là.

Puis, tout à coup, elle s'est rappelée qu'elle devait premièrement recevoir par écrit une telle demande. Pendant quelques instants, le trésorier a été vraiment désappointé car il savait que nous en aurions besoin deux jours plus tard.

Puis, soudainement, cette femme a eu une bonne idée :

—— Je sais ce que je vais faire. Je vous les prête pour une semaine. Faites-moi parvenir une lettre immédiatement, et aussitôt que je la recevrai, les chaises seront officiellement à vous.

Le dimanche suivant, une vingtaine de petits de 4-5 ans avaient des chaises sur lesquelles ils pouvaient s'asseoir… et le tapis avait été jeté au rebut.

Cette même année-là, Carole enseignait les 6 à 8 ans et, elle aussi, avait un besoin à présenter à Dieu. Elle voulait absolument avoir douze pupitres dans sa salle de classe… mais, comme vous l'avez sans doute deviné, les fonds manquaient...

Elle a eu recours à la prière. Quelques jours plus tard, sans être au courant de ce besoin, l'épouse d'un de nos pasteurs lui a téléphoné pour lui annoncer qu'elle avait entendu dire qu'une école allait fermer ses portes et qu'il y avait des pupitres à vendre.

Carole s'est tout de suite rendue à l'école en question, même si elle n'avait pas d'argent pour les acheter. Lorsqu'elle s'est informée du prix, on lui a répondu que ce serait 36 $. Croyant que c'était le prix d'un seul pupitre, elle a vite calculé et est venue à la conclusion qu'elle devait avoir la foi pour 432 $.

Même si c'était un montant considérable, elle croyait que ce n'était pas un prix exorbitant puisque chaque pupitre valait 120 $. Donc, les 12 pupitres valaient 1 440 $. Mais, à sa grande surprise, on l'a informée qu'elle pouvait tous les acheter pour la somme de 36 $.

Même si elle savait que c'était une bonne affaire, elle n'avait tout de même pas l'argent pour les payer. Avec un grand sourire, elle a dit : «Marché conclu» et, par la foi, elle lui a remis un chèque pour 36 $.

Le dimanche matin suivant, juste en sortant du bâtiment de l'église, un frère dans le Seigneur est venu vers elle pour lui demander combien elle avait payé pour les douze pupitres. Sans dire un mot, il lui a remis un chèque pour ce montant.

Encore une fois, Dieu avait prêté attention à notre prière.

 «Écoute ma prière, ô Dieu, prête attention à mes paroles!» Psaume 54.4

Chapitre 28
Le passereau même trouve une maison

$\mathcal{L}$'année où j'ai commencé à expérimenter ce que veut dire «vivre par la foi», j'ai accepté d'être monitrice au camp de jeunes gens, au Camp des Bouleaux. Le directeur du camp avait demandé aux campeurs de choisir un nom pour leur moniteur ou leur monitrice.

Un matin, moi et mes campeuses venions de lire ensemble Matthieu 6.26 :

«Voyez ces oiseaux qui volent dans les airs ils ne sèment ni ne moissonnent, ils n'amassent pas de provisions dans des greniers, et votre Père céleste les nourrit. N'avez-vous pas bien plus de valeur qu'eux?»

Je me rappelle leur avoir dit que «si Dieu pouvait prendre soin d'un petit moineau, il pouvait bien prendre soin d'un gros moineau comme moi!» Spontanément, l'une d'elles s'est écriée :

—— On a trouvé ton nom — Moineau!

Vingt ans plus tard, ma collègue croyait qu'il serait avantageux pour nous d'acheter une maison. Pour plusieurs raisons, je n'étais pas du tout prête à faire des démarches en vue d'un tel achat. Pour plaisanter, je lui disais souvent :

—— Moi, j'attends que Dieu me le montre!

Ce n'était vraiment PAS parce que je me croyais plus spirituelle qu'elle, mais je voulais à tout prix que Dieu confirme cette décision en me donnant un verset dans la Bible.

Je savais une chose — le 1er avril, nous devions renouveler notre bail pour l'année suivante. Au début février, j'ai dû aller parler dans une église à Toronto après quoi j'ai été hébergée chez une missionnaire. Nous avons discuté jusqu'à 2 h du matin la décision qui devait être prise face à l'achat d'une maison. Le lendemain matin, je me suis réveillée vers 6 h, et j'ai décidé de lire ma Bible.

J'ai choisi le Psaume 84, que j'ai dû lire des centaines de fois au fil des années. En arrivant au verset 4, j'ai sursauté en lisant :

«Le passereau (moineau) même trouve une maison...»

Je n'avais plus sommeil, et j'avais hâte que la missionnaire se lève pour que je puisse lui annoncer la nouvelle.

Je suis donc revenue chez moi en ayant la conviction que le moment était venu pour nous d'acheter une maison. Mais où et laquelle? Je n'avais aucun doute que Dieu pouvait nous diriger précisément. Bien entendu, des centaines de maisons ont été éliminées simplement à cause du prix exorbitant. Nous avons donc prié, et calculé. Nous sommes arrivées individuellement au même montant que nous pouvions nous permettre de payer.

Notre agente immobilière était convaincue qu'elle pourrait nous trouver une maison dans un des trois secteurs qui nous intéressaient. Mais, voulant mettre les choses au clair, je lui ai précisé que si le prix demandé dépassait de cinq cents, ce serait un signe que nous ne devions pas l'acheter.

Entre temps, des croyantes d'une Église en Ontario qui étaient au courant de nos démarches se sont mises à prier avec nous et pour nous. Elles nous ont suggéré de dresser une liste de choses que nous considérions importantes. Nous avons été encouragées à être très précises, à même choisir la couleur des chambres — chose à laquelle nous n'aurions probablement pas pensé ou osé demander. Carole m'a tout de suite annoncé :

——— J'aimerais que mon prochain studio de musique soit jaune.

C'est ainsi que nous avons mis par écrit 25 choses qui étaient importantes pour nous... pas nécessairement essentielles, mais importantes. Nous voulions, entre autres, un local où placer tout notre matériel d'école du dimanche (et, à ce moment-là, nous avions 200 boîtes remplies de livres et de leçons), une maison avec un balcon (pour nous faciliter la tâche lorsque viendrait le moment de laver les vitres), un toit en pente (afin de ne pas être obligées de monter sur le toit en hiver pour enlever la neige), une maison récemment construite, un foyer ou un poêle à combustion lente. Puisque nous partions pour le camp quelques jours après le déménagement, nous avions même osé demander à Dieu une maison où nous n'aurions pas à peinturer ni à tapisser.

Au début, le propriétaire n'était pas du tout prêt à baisser son prix. Et l'agente immobilière savait que nous n'allions pas changer d'idée. Nous nous retrouvions donc dans une situation où seul le Seigneur pouvait changer le cœur du propriétaire... ce qu'il a fait! Il nous a permis d'avoir 24 choses qui se trouvaient sur notre liste... la 25ᵉ, pour des raisons de sécurité, nous ne la voulions plus... et le studio de musique de Carole était... vous l'avez sûrement deviné... jaune!

Chapitre 29
Elle s'appelle Fannie!

Mickey était le chat bien-aimé de Carole. Pendant plus de dix-sept ans, nous n'avons pas trouvé difficile de mettre en pratique Proverbes 12.10 :

 «Le juste prend soin de son bétail.»

Après avoir cru pendant deux ans qu'il allait bientôt nous quitter, et en se basant sur Psaume 104.29 :

 «... Tu leur retires le souffle : ils expirent, et retournent dans leur poussière»,

Carole a supplié le Seigneur de retirer le souffle de Mickey avant minuit, le vendredi 19 novembre 2004. Ce soir-là, je suis arrivée à la maison vers 11 h 30. Quelques minutes plus tard, le Seigneur a exaucé sa prière.

Le lendemain matin, nous l'avons enterré. L'après-midi, j'ai consulté la rubrique «Animaux» dans les petites annonces du journal. Depuis plusieurs années, nous avions discuté la possibilité d'avoir un chien. Nous voulions un chiot... une femelle... probablement un Carlin. Nous avions même choisi son nom : Fannie!

Après avoir considéré le prix de plusieurs chiens, dont le Carlin, mes yeux se sont arrêtés sur les mots «Colley miniature». En fait, il s'agit d'un Shetland. J'ai tout de suite fait la remarque à Carole :

—— Il y a quelques mois, j'ai vu un Shetland à l'animalerie, et laisse-moi te dire que je l'aurais tout de suite acheté.

Puis, même si nous avions l'intention d'acheter un chiot, je lui ai fait remarquer que ce ne serait pas une mauvaise idée si on le prenait à l'âge adulte. Nous pourrions ainsi avoir une idée de son caractère, par l'entremise de son maître et, en plus, il serait propre.

Le dimanche matin, juste avant de partir pour l'église, je dis (dans mon coeur) : «Seigneur, TU sais de quelle sorte de chien nous avons besoin... je n'ai pas vraiment le temps de chercher, mais je TE fais confiance... je sais que tu peux nous l'apporter comme sur un plateau d'argent».

En arrivant à l'église... la femme de notre pasteur

est venue vers moi dans le stationnement en me disant qu'elle regrettait que nous avions perdu Mickey. Après avoir hésité pendant quelques instants, elle a ajouté :

— Ce n'est peut-être pas un bon moment pour mentionner ceci, mais je connais une femme qui a un chien à DONNER.

Lorsque je lui ai demandé de quelle sorte de chien il s'agissait, elle ma répondu :

— Un Colley miniature.

Je n'en croyais pas mes oreilles! J'aurais voulu sauter de joie... mais je n'osais pas le faire avant d'avoir eu l'occasion d'en discuter avec Carole qui venait de perdre son chat.

Quelques jours plus tard, lorsque j'ai pu rejoindre la femme, j'avais toutes sortes de questions à lui poser au sujet de son chien. Juste avant de raccrocher, j'avais une dernière question à lui poser :

— Comment s'appelle votre chien? Lorsqu'elle a répondu «Fannie», mon cœur a bondi de joie.

Bref, Fannie est maintenant à nous... et elle a TOUTES les qualités que nous aurions pu désirer chez un chien. Et, depuis, je ne sais combien de personnes ont été «édifiées» en apprenant que Dieu entend ses enfants et qu'il se plaît à exaucer leurs prières.

Marianne et Fannie au camp...
La journée du chapeau.

Carole raconte

Ma requête

_____
_____
_____
_____
_____
_____
_____
_____
_____
_____
_____
_____
_____
_____
_____
_____
_____
_____
_____
_____
_____
_____
_____

Chapitre 30
Les anges sont venus à mon secours !

'Un beau dimanche après-midi, alors que je poursuivais des études à UCLA (Université de Californie à Los Angeles), j'ai décidé de rendre visite à une amie à Santa Barbara... 140 kilomètres au nord de Westwood Village où se trouvait l'université.

Nous étions trois dans la voiture, toutes assises sur le siège avant. Derrière le volant se trouvait Betsy. Robin était au centre et moi-même près de la portière.

Nous voyagions vers le nord sur la pittoresque route 101 longeant le magnifique océan Pacifique bleu. Même si la circulation était très dense, nous roulions à 100 kilomètres à l'heure tout en écoutant la radio, en jasant et en admirant le paysage.

À un moment donné, Betsy s'est penchée pour

prendre un mouchoir de papier sous le tableau de bord. En le faisant, elle a détourné les yeux de la route et a frappé le terre-plein séparant les deux voies. Lorsque la voiture a commencé à tournoyer, Betsy a perdu le contrôle, et la voiture a sauté par-dessus le terre-plein.

Devant nous se trouvait un précipice de plus de 100 mètres, et, à droite, un rocher contre lequel les vagues déferlaient. J'ai vite regardé par la fenêtre et vu une voiture qui, de toute évidence, allait nous frapper sur le côté passager. Nous nous dirigions tout droit vers le précipice. Les roues avant ne touchaient plus le sol. Puis, tout à coup, je n'ai vu que l'océan! Le silence régnait dans la voiture, quand de ma bouche est sorti un seul cri : «DIEU!»

Immédiatement, notre voiture était stationnée de l'autre côté de la grand-route, près de la montagne, en direction du sud. Les voitures roulant vers le sud et le nord étaient arrêtées. Pendant plusieurs minutes, nous étions figées sur notre siège. Étrange comme cela puisse paraître, nous n'avons rien ressenti ni entendu alors que la voiture planait au dessus du précipice, ni quand elle a retraversé le terre-plein et a fini par être stationnée a côté de la montagne allant dans la mauvaise direction. Puis, tout à coup, les voitures se sont mises à circuler de nouveau. Personne n'osa dire un mot lorsque nous avons changer de direction pour aller vers le nord.

Je SAIS, sans aucun doute, que Dieu est inter-

... a fini par être stationnée
à côté de la montagne
allant dans la mauvaise direction.

venu en ma faveur ce jour-là. Il a envoyé ses anges pour transporter la voiture et la placer où il la voulait. Cela ne devrait pas être surprenant puisque les anges sont

«envoyés pour exercer un ministère en faveur de ceux qui doivent hériter du salut».
Hébreux 1.14

Aujourd'hui, je suis consciente qu'il m'a épargné la vie pour me donner l'occasion de recevoir, par la foi, son Fils qui est mort à la croix pour moi. Sans le savoir, dans la détresse je l'ai invoqué, et il a fait ce qu'il a promis de faire dans Psaume 50.15 :

«Alors tu pourras m'appeler au jour de la détresse. Et je te délivrerai, et tu me rendras gloire...»

Lui rendre gloire, c'est ce que je cherche à faire en partageant cette expérience.

Chapitre 31
Prouve-le-moi!

$\mathcal{L}$e Seigneur ne promet pas d'exaucer la prière de ceux qui ne lui appartiennent pas. Mais il PEUT choisir d'exaucer la prière de ceux qui vont lui appartenir un jour… surtout si cela contribue à les attirer à lui.

Alors que je poursuivais mes études à UCLA (Université de la Californie), tout semblait aller mal dans ma vie. Près de l'université se trouvait une petite chapelle sur le haut d'une colline. Un jour, lorsque je n'en pouvais plus, j'ai marché jusqu'à la chapelle. Je me suis assise, je me suis agenouillée sur le prie-Dieu et j'ai commencé à pleurer. Lorsque les larmes ont cessé de couler, je me suis adressée à Dieu :

—— Dieu, si tu existes, prouve-le-moi!

Pour me le prouver, je lui ai demandé de faire cinq choses. De retour sur le campus, je me suis rendue à la bibliothèque. Ce jour-là, Dieu a exaucé chacune de ces requêtes... une après l'autre.

Le lendemain matin, je me suis rendue à la chapelle encore une fois. Je me suis agenouillée sur le prie-Dieu, et j'ai prié :

—— Seigneur, si c'est vraiment toi qui a fait ces cinq choses hier, fais qu'elles se reproduisent encore aujourd'hui!!!

Je suis retournée à la bibliothèque. Une chose après l'autre s'est de nouveau produite. Le lendemain, je suis retournée à la chapelle. Je me suis agenouillée sur le prie-Dieu, et je lui ai dit :

—— Seigneur, les cinq choses se sont produites de nouveau… je sais que tu existes… si tu veux ma vie, tu peux l'avoir. Montre-moi quoi faire.

Le lendemain matin, en marchant du dortoir au campus, une étudiante que je n'avais jamais vue auparavant marchait à côté de moi. Elle a commencé à me parler et, avant d'arriver à notre destination, elle m'a invitée à une réunion ce soir-là, organisée par Campus pour le Christ. J'ai accepté son invitation et, peu de temps après, j'ai pris la décision la plus importante de ma vie. J'ai accepté Jésus-Christ comme Sauveur personnel.

Aujourd'hui je sais que Dieu exauce parfois la prière de ceux qui ne lui appartiennent pas, même s'il ne promet pas de le faire.

Comme le psalmiste, je lui ai adressé ma prière,

et il a bien voulu me secourir :

 «*Mais je t'adresse ma prière, ô Éternel! Que ce soit le temps favorable, ô Dieu, par ta grande bonté! Réponds-moi, en m'assurant ton secours!*» Psaume 69.14

Ma requête

_____

_____

_____

_____

_____

_____

_____

_____

_____

_____

_____

_____

_____

_____

_____

_____

_____

_____

_____

_____

_____

Chapitre 32
Tu es très riche!!

Je poursuivais des études bibliques à Capernwray (Porteurs du flambeau), en Angleterre. J'avais vraiment besoin de savoir que le Seigneur allait pourvoir à mes besoins financiers, comme il l'a promis.

Un matin, après les cours, j'ai dû quitter la salle d'études. Sur mon pupitre, j'avais laissé ma Bible, mon cartable et ma bourse. À bien y penser, ne pas prendre ma bourse avec moi n'avait pas été la chose la plus sage. Mais, étant une nouvelle chrétienne, je pensais pouvoir faire confiance aux étudiants.

Peu de temps après, en revenant dans la salle d'études, j'ai aperçu un étudiant près de mon pupitre en train de compter mes chèques de voyage! En me voyant, il me dit : «Tu es très riche!!» En fait, dans ma bourse se trouvait un billet d'avion de *British Airways* pour mon voyage de retour en Californie, et des chèques de voyage pour la somme de 200 $. J'ai repris mes chèques de voyage en lui laissant entendre que le montant d'argent qui se trouvait dans ma bourse était entre moi et le Seigneur.

Puis, je me suis mise à réfléchir. Qu'arriverait-il si quelqu'un volait mon billet de retour et mon argent? Seule, en Europe, j'avais besoin de savoir que mon bon Berger prendrait soin de moi si jamais une telle chose devait se produire. Je lui ai donc demandé de me le montrer.

Le jour même, dans le courrier j'ai reçu une lettre de la Californie. Celle-ci avait été postée deux semaines auparavant. Dans l'enveloppe se trouvait un chèque pour la somme de 15 $ en argent américain. J'avais eu la réponse. C'est tout ce qu'il a fallu pour me convaincre que le Seigneur allait toujours pourvoir à mes besoins. Au fil des années, c'est ce qu'il a fait.

Aujourd'hui, lorsque je regarde autour de moi, je me considère très riche!! Le Seigneur a toujours pourvu à mes besoins… et même au-delà. J'en suis très reconnaissante.

 «*Dieu a le pouvoir de vous donner en abondance toutes sortes de bienfaits. Aussi vous aurez toujours tout ce qu'il vous faut, et vous aurez encore suffisamment pour faire de bonnes actions.*»

1 Corinthiens 9.8

Chapitre 33
Ne va pas !

La fin de l'année scolaire approchait à grands pas. Les étudiants de l'école biblique en Angleterre savaient que bientôt ils auraient à décider ce qu'il devaient faire ensuite. Étant chrétienne depuis à peine un an, je n'avais pas encore appris que le Seigneur peut guider ceux qui sont prêts à lui obéir.

Je savais très bien ce que je voulais faire et, d'après moi, mes plans étaient très intéressants ! Parmi les étudiants se trouvait un jeune homme qui venait de Hamburg, en Allemagne. Peter, son frère, m'a suggéré d'aller à Bremerhaven pour travailler auprès des enfants.

Mais, c'est à Hamburg que le Seigneur semblait me diriger. J'avais la possibilité de pouvoir passer l'été dans cette ville pour aider dans un ministère exercé auprès de la jeunesse. Cela m'intéressait car, tout en les aidant, je pourrais aussi apprendre à parler l'allemand.

En plus, je pourrais être hébergée dans la famille de Peter et son frère. Quelle merveilleuse idée!!!

Cette année-là, on nous avait enseigné que le Seigneur peut nous diriger de plusieurs façons. Il peut nous guider par la parole de Dieu, par les circonstances et par la paix qu'il nous donne.

Les circonstances étaient en ma faveur... on m'avait proposé d'aller à Hamburg!! Et je voulais y aller à tout prix. Même si aller à Hamburg était une proposition très intéressante, j'ai décidé de demander au Seigneur ce qu'était *son* plan.

Le dimanche matin suivant, je suis allée à l'église sur le campus, mais j'étais en retard. J'étais en train de prier au sujet de mon voyage à Hamburg!! C'était une raison légitime pour moi d'être en retard, n'est-ce pas?

J'avais demandé au Seigneur de me faire connaître sa volonté dans le message que j'allais entendre ce jour-là. En arrivant dans la salle, le prédicateur était sur le point de commencer à prêcher.

Comme introduction, il a donné un coup de poing sur la chaire en prononçant trois mots d'une voix forte et claire : «Ne va pas!» Je suis restée bouche bée. Je n'avais aucun doute que ces mots s'adressaient à moi... mais je n'aurais pas pu être plus désappointée.

Il n'y avait qu'une seule chose à faire : obéir et ne pas aller à Hamburg.

Ne va pas!

Lorsque Peter a appris ce qui était arrivé, il n'avait pas l'air surpris. Au lieu d'aller à Hamburg, je suis allée en Écosse, et après à Bremerhaven... mais cela, c'est une autre histoire.

Chose certaine :

 «Ses pensées ne sont pas mes pensées et ses voies sont élevées au-dessus de mes voies.»

Ésaïe 55.8

Chapitre 34
Ne l'a-t-il pas promis?

Le Seigneur n'est jamais à court d'idées. Il peut exaucer notre prière de mille et une façons! Et il peut le faire quand il veut... et comme il veut... en dépit de ce que les autres croient.

Un jour, j'ai entendu quelqu'un dire : «Le Seigneur ne nous guide jamais par une lettre!» Eh bien! c'est exactement ce qu'il a choisi de faire pour moi en Écosse.

Après avoir passé quatre mois et demi dans ce pays à voyager et à enseigner, le moment était venu pour moi de partir. Je savais que je devais faire mes valises et quitter la chambre que j'avais louée au YWCA, qui donnait sur l'océan Atlantique!

J'ai pris ma valise, l'ai placée sur le trottoir et

me suis assise dessus. Je me suis fermé les yeux et j'ai formulé la prière suivante : «Seigneur, toi seul sait où je dois aller. Montre-le-moi, et je vais t'obéir.»

N'ayant rien à faire, j'ai décidé d'attendre le facteur. J'espérais recevoir une lettre dans laquelle je verrais quelle direction je devais prendre. Quelques minutes plus tard, il m'a remis une lettre d'Anne Rossiter, une amie de l'Angleterre, qui travaillait comme infirmière à Bristol.

«Viens me rencontrer à Londres, disait-elle dans sa lettre. (Elle m'avait même indiqué la date et l'endroit où je devais la rencontrer.) Nous irons sur le continent ensemble.»

J'ai tout de suite pris le train pour me rendre à Londres, et nous sommes parties en train-bateau pour le continent. Nous avons passé des moments formidables ensemble!

N'a-t-il pas promis de nous montrer la voie que nous devons suivre :

«Je vais t'instruire et t'indiquer le chemin que tu devras emprunter, je serai ton conseiller, mes yeux veilleront sur toi.»
Psaume 32.8

J'ai appris à garder les yeux ouverts ainsi que les oreilles, car parfois il choisit de parler de façon inhabituelle.

Chapitre 35
Dans la noirceur

*T*ravailler comme missionnaire d'été en Allemagne, avec *Greater Europe Mission*, fut pour moi une expérience inoubliable. La mission exerçait un ministère envers les enfants et la jeunesse à Bremerhaven. Puisque je ne parlais pas l'allemand, on m'a demandé de couper des figurines de flanellographe et de m'occuper du matériel pédagogique. Je travaillais de près avec l'épouse du directeur, j'assistais à toutes les réunions de jeunesse et participais au camp biblique du mieux que je le pouvais.

Une veuve qui avait perdu son mari durant la guerre était prête à m'offrir le gîte et le couvert. Pour elle, c'était sa façon de servir le Seigneur. Puisque j'avais besoin d'un endroit où demeurer et que je voulais apprendre l'allemand, j'étais vraiment reconnaissante pour son hospitalité.

Elle ne parlait pas l'anglais, et je ne parlais pas l'allemand. Mais on finissait toujours par communiquer uniquement en allemand!! Je savais que c'était une bonne façon d'apprendre cette langue!

Le seul hic était qu'elle demeurait loin de la mission. Il fallait que je prenne le tramway jusqu'au terminus. Ensuite, pour me rendre chez elle, je devais marcher pendant 20 minutes sur un chemin de campagne.

Un jour, il a été décidé que je devais rester plus tard à la mission, et monter à bord du dernier tramway pour retourner chez cette veuve. En arrivant au terminus, ce soir-là, je n'avais aucune idée à quel point j'allais avoir besoin du Seigneur. Tout près se trouvait un cinéma, et le film venait de terminer. J'ai vite remarqué six moto-cyclettes. Sur chacune d'elles se trouvait un motard vêtu d'un blouson noir et d'un pantalon noir en cuir. Chacun portait des bottes noires en cuir et de longs cheveux sales. Certains étaient barbus, d'autres non. Ce groupe, appelé *Les blousons noirs*, était célèbre.

Pour emprunter le chemin de campagne, il fallait absolument que je passe devant ce groupe de motards. Il faisait noir comme dans la gueule d'un loup. Alors, j'étais loin de me sentir brave. Après avoir marché pendant une dizaine de minutes, j'ai vu quelque chose bouger au loin. J'ai vite vu six motards bloquant le chemin avec leurs motocyclettes. Ils avaient sûrement un plan en vue, et personne n'était pas là pour les en empêcher. Je n'avais aucune porte de sortie. Si je m'étais mise à courir, il n'y a aucun doute que m'attrapper aurait été la chose la plus facile. Il n'y avait qu'une seule chose à faire… continuer à marcher et à prier !

Tout à coup, un verset m'est venu à l'esprit — 1 Jean 4.4 :

 «Celui qui est en moi est plus grand que celui qui est dans le monde.»

Après l'avoir récité dans ma pensée, j'ai formulé deux mots : «Merci, Seigneur.» Ensuite, même si ce n'est pas mon habitude de m'adresser à mon ennemi, j'ai dit :

—— «Satan, regarde la croix. Elle est vide parce que Jésus est plus fort que toi. Il t'a vaincu. La victoire a déjà été remportée. Pars d'ici.»

J'ai continué à réciter ce verset. Puis, j'ai vu deux motards bloquer mon chemin. J'ai simplement continué à marcher. Comme deux portes battantes qui s'ouvrent, j'ai vu ces six hommes se reculer pour me laisser passer. J'ai entendu le jeune homme à ma gauche prononcer le mot *«Fraulein»* (mademoiselle), et il est venu pour me toucher. Je pouvais sentir son haleine sur ma joue tellement il était proche. J'ai prononcé un seul mot : *«Nein!»* (non), et j'ai continué à marcher en réclamant ce verset.

Ils n'ont pas dit un seul mot, et ils ne m'ont pas suivi. Il était évident que le Seigneur était intervenu. Finalement, après ce qui a semblé être une éternité, je suis arrivée à ma destination. Je n'ai jamais eu autant hâte d'arriver à la maison — ni avant ce jour-là, ni depuis!

Le major Ian Thomas, un de mes professeurs, nous avait enseigné que si nous sommes au bon endroit, au bon moment, en faisant ce que Dieu veut, nous pouvons croire qu'il prendra soin de nous. C'est ce qu'il a fait ce soir-là.

Comme le psalmiste, j'ai pu dire :

«Loué soit l'Éternel, car il m'exauce lorsque je le supplie. L'Éternel est ma force, mon bouclier. En lui je me confie; et il vient à mon secours.» Psaume 28.6,7

Je m'étais trouvée dans la noirceur, mais je n'étais pas seule.

Chapitre 36
Une hospitalité époustouflante!!

En allant travailler en France comme missionnaire dans un camp d'enfants, j'étais loin de me douter que j'allais vivre une expérience inoubliable. Selon les plans, je devais prendre l'avion jusqu'à Paris, et ensuite l'autobus jusqu'à Grenoble. Une fois rendue là, je devais me débrouiller toute seule pour me rendre à Champfleuri... un camp d'enfants où j'allais passer l'été. Je ne connaissais pas un mot de français.

En arrivant au guichet pour acheter mon billet d'autobus, je me suis aperçue que l'employé ne parlait pas l'anglais. Du moins, c'est ce qu'il prétendait. J'ai donc essayé de parler en espagnol. Plus nous cherchions à nous comprendre, plus il criait fort. Il ne réalisait pas que cela ne m'aidait pas à mieux comprendre ce qu'il essayait de me communiquer!!!

Finalement, il s'est adressé à l'un de ses adjoints qui m'a fait signe de le suivre. J'ai payé mon billet, monté à bord de l'autobus en direction de Champfleuri dans les Alpes françaises, pas tellement loin de la ville de Grenoble.

À différents endroits le long du trajet, le chauffeur a laissé descendre des passagers. Lorsque l'autobus est arrivé au terminus, il ne restait que deux passagers à bord — moi et une autre jeune fille.

Le chauffeur a coupé le contact du moteur, et nous a annoncé que nous devions descendre de l'autobus. Le soleil se couchait, et moi je venais de réaliser que je ne pouvais pas aller plus loin. J'ai essayé de communiquer au chauffeur que je devais me rendre à Champfleuri, mais il ne me comprenait pas et semblait s'en moquer comme de l'an quarante. Son visage était rouge, tellement il criait fort. J'ai descendu de l'autobus ne sachant pas à quoi m'attendre. Je ne savais pas où je me trouvais... et je n'avais aucun endroit où aller.

J'ai demandé au Seigneur : «Qu'est-ce que je dois faire maintenant?» Il commençait à faire noir, et la rue n'était pas éclairée. Dans ce petit village isolé, il n'y avait pas de cabine téléphonique, pas de taxi, pas d'hôtel et pas de gîte du passant. La jeune fille qui était descendue de l'autobus en même temps que moi m'a fait signe de la suivre. N'ayant pas d'autre plan, je n'ai pas osé refuser son invitation!

Nous avons marché dans une rue en pavé rond, passé par une longue ruelle sinueuse et sombre, pour nous retrouver devant deux immenses portes. Une fois les portes ouvertes, nous avons continué à marcher le long d'une autre rue en pavé rond. Puis, nous sommes arrivées à un immeuble à logements délabré. Elle a ouvert une grande porte grise en bois, et l'a tout de suite fermée et verrouillée.

À gauche se trouvait un escalier tournant conduisant au troisième étage... on l'a monté. Elle s'est arrêtée devant une vieille porte en bois très abîmée, a sorti une clé et l'a placée dans la serrure. Elle a ouvert la porte. Nous sommes entrées, après quoi elle a soigneusement verrouillé la porte... il y avait trois ou quatre serrures.

Elle s'est tournée vers moi en disant :

—— *Américaine?*

Je lui ai dit que oui, et nous avons éclaté de rire. J'ai pris un calepin, et me suis mise à dessiner. Elle avait compris que je devais me rendre à Champfleuri. Pour communiquer ensemble, nous avons dessiné pendant plusieurs heures, et nous avons ri comme deux fillettes.

Son logement d'une seule pièce était très petit. En plein milieu se trouvaient une vieille table et deux vieilles chaises et, sur un mur, une petite armoire à deux portes et deux poignées blanches. Même s'il n'y avait

Nous avons ri comme
deux fillettes.

pas d'eau chaude, il y avait tout de même un évier et un petit poêle. Plus important encore, j'avais reçu un accueil très chaleureux.

Dans le placard, je voyais deux bols blancs fêlés, deux petites assiettes blanches, une bouilloire, deux morceaux de pain blanc et un morceau de fromage. Elle a fait chauffer l'eau dans la bouilloire pour nous faire un chocolat chaud qu'elle a versé dans les bols. Nous avons partagé une tranche de pain français et la moitié du fromage.

Dans un autre coin de la pièce, caché discrètement derrière un rideau se trouvait un lit étroit sur lequel j'ai vu un sac de couchage bleu. Elle a insisté que je dorme dans le lit. Je lui ai suggéré de prendre au moins le matelas, mais elle ne voulait rien entendre. Les draps étaient bruns tellement ils étaient sales. J'ai discrètement placé mon nouveau duvet jaune entre les draps, et placé ma tête sur son seul oreiller. Elle a dormi sur le plancher à côté du lit. Malgré toutes les péripéties que je venais de vivre... j'ai pu dormir comme un bébé.

Le lendemain matin, après nous être lavées, nous avons bu un autre chocolat chaud, mangé le dernier morceau de pain et ce qui restait du fromage. Un peu plus tard, elle a ouvert la porte et m'a fait signe de la suivre. Nous avons descendu l'escalier, sorti dehors, passé la barrière, marché dans la rue à pavé rond pour arriver à notre point de départ.

Nous avons traversé le chemin non pavé, puis nous sommes entrées dans une taverne!!! Il était évident qu'elle a expliqué la situation à ceux qui étaient assis au bar, parce qu'ils se sont tous mis à rire!

Elle a téléphoné à quelqu'un, m'a dit adieu et est partie travailler. Je me retrouvais assise là dans cette taverne entourée d'une clientèle très colorée! Dix minutes plus tard, j'ai entendu quelqu'un dire :

—— Est-ce que Carole Silvera est ici?

Quel soulagement! Le responsable de la mission venait de trouver cette missionnaire d'été égarée en train de siroter un expresso dans une taverne!!

Je ne savais pas où j'étais, mais je n'avais pas à m'inquiéter. Le Seigneur, lui, le savait... il est omniscient, et il a promis :

 «Je ne te délaisserai point, et je ne t'abandonnerai point… » Hébreux 13.5

et

 «Voici, je suis avec toi partout où tu iras.» Genèse 28.15

C'est ce qu'il promet à son enfant... à qui il permet parfois de vivre des aventures inoubliables.

Chapitre 37
Rien n'est impossible à Dieu !

Après avoir reçu une formation pédagogique comme enseignante à Cal Poly (California Polytechnic), j'ai trouvé un emploi comme professeur de 5e année à Pismo Beach, en Californie. On pouvait facilement aller à pied à la plage près du magnifique océan Pacifique. C'était une situation idéale pour une enseignante.

Lorsque j'enseignais la biologie, par exemple, j'amenais mes élèves à la plage pour examiner les algues, les palourdes et les oursins. Lorsque nous entendions les baleines chanter, je les laissais sortir de la classe pour aller au bord de l'eau surveiller les baleines nager et lancer des jets d'eau. C'était une classe très spéciale.

Le directeur tolérait le fait que j'enseignais la

Bible, puisque la loi à ce sujet n'était pas claire. Mais il m'avait tout de même avertie que je pourrais perdre mon emploi. Chaque matin, nous commencions par la prière et, le vendredi après l'école, je les enseignais dans un club biblique où chaque enfant avait reçu la permission de ses parents pour y assister. Encore aujourd'hui, lorsque je pense à cette classe, je remercie Dieu de m'avoir permis de conduire à Jésus 14 de ces précieux enfants.

Durant l'année scolaire, je leur avais enseigné que Dieu pouvait tout faire, que rien n'était trop difficile pour lui. Nous étions rendus au mois de décembre, et les vacances de Noël allaient commencer le 23. À un moment donné, Barry a levé la main...

—— Oui, Barry.

—— Vous nous avez dit que Dieu pouvait tout faire.

—— Tu as raison, Barry. Dieu peut tout faire... absolument tout !

—— Pensez-vous qu'il pourrait nous envoyer de la neige pour Noël ?!!

—— Bien sûr, Barry !

Il faisait 20 Celsius dehors. Alors, j'ai répondu :

—— Bien sûr, j'y crois, mais c'est VOUS qui allez prier !!

Vous auriez dû les entendre prier... l'un après l'autre. Ils ont même prié que Dieu envoie la neige avant que l'école finisse, le 23 décembre. Ils étaient convaincus qu'il allait neiger. Nous avons prié... le 20, le 21, le 22 et le 23.

À 14 h 30, ce jour-là, il n'y avait toujours pas de neige... et l'école finissait à 15 h. Vers 14 h 45, j'ai regardé par la fenêtre et j'ai cru voir de la cendre voler au vent. Je ne comprenais pas pourquoi le concierge faisait brûler des déchets avant que les enfants quittent les lieux.

En m'approchant de la fenêtre, j'ai vu que la pelouse était blanche! Il neigeait en Californie! J'ai ouvert la porte en disant aux élèves :

—— Allez-y! Allez jouer dans la neige!

Ils ont crié de joie... même s'il n'y avait pas plus de deux centimètres de neige... mais il y en AVAIT! La neige a continué à tomber pendant environ quinze minutes. Chose étrange, il n'avait pas neigé dans le sud de la Californie depuis près de vingt ans.

Chaque fois que je relate cette histoire, les larmes coulent sur mes joues. Je peux encore voir la scène, comme si elle s'était déroulée hier. Le Seigneur avait fait l'impossible pour un groupe d'enfants de 10 ans. Ce fut un événement absolument impressionnant!

Il peut tout faire. Il est le Tout-Puissant. Il n'y a

Ils ont crié de joie !

rien d'impossible pour lui... absolument rien! Il peut faire TOUT ce qu'il veut.

C'est pourquoi Jésus a déclaré :

 «Cela est impossible aux hommes, mais non à Dieu; car tout est possible à Dieu.»
Marc 10.27

Un jour, avant la fin de l'année scolaire, Barry était absent. Tout à coup, par la fenêtre, je l'ai vu courir à toutes jambes. Il est arrivé dans la salle de classe en sanglotant. Il pouvait à peine parler. Son petit frère venait d'être hospitalisé, et le médecin avait annoncé à la famille qu'il ne passerait pas la nuit.

Puis, il m'a regardé en disant :

—— Vous avez dit que Dieu peut faire n'importe quoi. Pensez-vous qu'il pourrait guérir mon petit frère?

—— Bien sûr, Barry, lui répondis-je.

Nous avons alors demandé à Dieu de le guérir. Puis, Barry est reparti, et nous sommes retournés à nos leçons. Le lendemain, Barry est encore une fois arrivé à l'école en courant. Cette fois-ci, il était tout sourire. Les médecins avaient déclaré qu'ils ne comprenaient rien du tout, mais que son petit frère allait vivre.

Mais NOUS, nous comprenons, n'est-ce pas, car nous savons que rien n'est impossible à Dieu.

Ma requête

_____

_____

_____

_____

_____

_____

_____

_____

_____

_____

_____

_____

_____

_____

_____

_____

_____

_____

_____

_____

_____

_____

Chapitre 38
Les poings américains

Étant convaincue que je devais aller rendre visite à ma famille à Pomona, en Californie, j'ai décidé de m'y rendre en train. Une fois rendue, pour arriver à l'arrêt d'autobus, je devais marcher environ cent mètres dans les bas-fonds de la ville.

Sur un banc était assise une femme. Quelques minutes après m'être assise à côté d'elle, elle m'a dit à voix basse :

—— Ne regarde pas à droite.

Je n'ai pas regardé, mais je pouvais tout de même voir quatre hommes s'approcher de l'arrêt... deux devant, deux derrière. Plus ils approchaient, plus je les voyais clairement. J'ai pu vite déceler qu'ils étaient soit ivres, soit drogués.

Quoi faire? Devrais-je courir? J'ai vite regardé

dans trois directions... il n'y avait que des tavernes, et la gare était trop loin... je savais que je ne pourrais jamais m'y rendre sans me faire attraper.

J'ai décidé de rester assise et de prier. Le même verset qui m'était venu à la pensée quelques années auparavant dans une situation semblable m'est venu à l'esprit :

 «Celui qui est en moi est plus grand que celui qui est dans le monde.» 1 Jean 4.4

L'homme le plus près de moi a mis son poing américain sur ma joue droite. Je suis restée figée sur place... mais j'ai prié :

—— Seigneur, il va déchirer mon visage... tu es le même aujourd'hui que tu l'as toujours été. Prends les choses en main, s'il te plaît.

Immédiatement, il a baissé la main, les quatre hommes ont fait volte-face et, à mon grand soulagement, ils sont repartis dans la même direction qu'ils étaient venus.

Tout ce que je pouvais formuler comme prière était :

—— Merci, Seigneur.

Il est tout-puissant (il peut tout faire), omniscient (il connaît tout) et omniprésent (présent partout en même temps), et nous pouvons compter sur lui en tout temps.

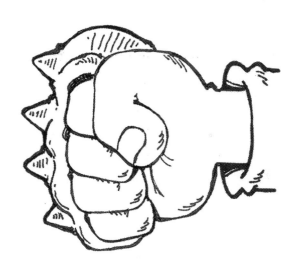

Il a mis son poing
américain sur ma joue
droite.

Ma requête

_____
_____
_____
_____
_____
_____
_____
_____
_____
_____
_____
_____
_____
_____
_____
_____
_____
_____
_____
_____
_____
_____
_____

Chapitre 39
Quelle situation pénible!

Je me sentais étrange d'avoir été embauchée comme enseignante à l'école où, cinq ans auparavant, j'avais terminé mon secondaire 5. Je me souviens d'un enseignant qui, ayant de la difficulté à croire que je faisais partie du personnel, m'a arrêtée dans le corridor pour me demander de lui montrer mon laissez-passer!

Lorsqu'on m'a interviewée, on m'avait fait croire que l'enseignante que j'allais remplacer était partie pour raison de santé. Je leur ai précisément demandé si son problème de santé avait été causé par les élèves. On m'a assurée que ce n'était pas le cas. J'ignorais qu'on venait de me mentir carrément.

Les jeunes dans chacune des classes, sauf une, étaient turbulents. Heureusement que les élèves que j'enseignais la dernière heure voulaient apprendre quelque chose.

Le premier jour, j'ai dû envoyer neuf élèves au bureau du directeur. Un des élèves est venu me dire qu'il serait renvoyé de l'école si une telle chose se produisait de nouveau. Je lui ai fait comprendre que cela dépendrait entièrement de lui. J'ai aussi souligné le fait qu'il ne devait pas me tester pour savoir si j'allais mettre à exécution mon intention. Il ne s'est plus jamais mal conduit!

Mais enseigner à cette l'école est devenu un vrai supplice. Les élèves se lançaient des avions en papier, ne me donnaient pas leur vrai nom, refusaient de s'asseoir et ne voulaient rien savoir de ce que j'avais à leur enseigner. Dans un sens, je pouvais comprendre. Ils avaient 17 ou 18 ans et avaient raté leur cours d'anglais trois années de suite!

Quelle situation pénible! Le dixième jour, en me rendant à l'école, j'ai versé des larmes… de désespoir. C'est alors que j'ai commencé à prier. J'avais déjà prié, mais cette fois-ci ma prière était différente.

Au lieu de demander au Seigneur de m'aider, je lui ai demandé de prendre contrôle de la situation. À vrai dire, c'est ce que j'aurais dû faire dès le premier jour. «Je n'en peux plus, Seigneur, lui dis-je. Je laisse la situation entre tes mains.» J'étais prête à ce qu'il fasse n'importe quoi, et je voulais qu'il le fasse avant que j'arrive en classe cette journée-là.

Comme le psalmiste, je comptais sur le fait qu'il allait m'exaucer, et j'aurais pu dire :

 «Réponds-moi, Éternel, ton amour est si bon! Dans ta grande tendresse, occupe-toi de moi!» Psaume 69.17

En entrant dans la salle de classe, cette journée-là, tous les élèves étaient assis !! Lorsque j'ai lu la liste de noms, chacun a indiqué qu'il était présent. Lorsque j'ai dit :

—— Ouvrez votre livre à telle et telle page, ils l'ont fait.

Ils se regardaient, et semblaient se dire :

—— Voyons, qu'est-ce qui se passe?

J'ai expliqué la leçon, et ils ont écouté. Ils ont même levé la main et posé des questions sensées!

Tout au long de la journée, chaque fois que j'ai demandé au Seigneur de prendre la relève, les élèves ont été formidables, mais chaque fois que j'ai commencé à compter sur moi-même, les choses ont commencé à mal aller.

Jusqu'à la fin de l'année, j'ai pu voir le Seigneur continuellement à l'œuvre. J'ai pu me faire des amis parmi les pires élèves et, en plus, j'ai eu du plaisir à enseigner.

Dieu entend-il nos prières? Assurément! Veut-il nous aider? Il veut faire plus que cela. Il veut qu'on compte *entièrement* sur lui.

Chapitre 40
Le Panorama de la Bible

En 1987, un best-seller a été publié en anglais intitulé *What the Bible is All About for young explorers*. Après avoir vu la publicité, j'ai décidé de m'en acheter un exemplaire. En arrivant à la maison, je me suis assise dans le salon, et je l'ai lu pendant quatre heures sans bouger. Je me rappelle avoir dit à Marianne :

—— C'est un livre extraordinaire. On ne doit pas attendre cinq ans avant de le traduire en français.

Après en avoir discuté ensemble, nous avons eu toutes les deux à cœur de le publier nous-mêmes. Mais, il y avait un problème! En comparaison de beaucoup d'autres maisons d'édition, la nôtre (Éditions Bérékia) n'était pas tellement connue. Pour obtenir le contrat, il fallait prier. Tout à coup, j'ai eu une idée. J'étais monitrice d'un groupe d'enfants de 8-9 ans à qui je venais d'enseigner une série de leçons sur la prière. Après leur avoir montré le livre en question, je leur ai demandé de prier.

Une employée de la maison de publication à qui appartenait les droits d'auteur nous a téléphoné pour nous laisser savoir qu'une importante maison d'édition européenne voulait aussi obtenir le contrat. Je lui ai dit :

—— Mais vous ne pouvez pas ne pas considérer notre demande puisqu'un groupe d'enfants prie et s'attend à être exaucé! La femme a ri et a promis de me rappeler. Nous avons continué à prier... et, quelques semaines plus tard, nous avons signé le contrat.

Ce que nous avions présenté à Dieu était une requête impossible. Laissez-moi vous dire pourquoi. Nous n'avions jamais publié un livre auparavant. Nous n'avions pas d'ordinateur, et nous n'avions aucune notion du monde de l'informatique!!! Nous avons vite acheté un ordinateur et emprunté une imprimante d'un couple que nous connaissions. J'ai suivi deux cours de base en informatique pour savoir comment m'en servir et un cours qui me permettrait d'utiliser le logiciel *Pagemaker*.

Ce projet a été réalisé parce qu'un groupe d'enfants croyait que Dieu exauce la prière. Au fil des années, j'ai bien appris que si on veut voir le Seigneur agir… on n'a qu'à demander à des enfants de prier !

Soit dit en passant, c'est un livre extraordinaire. Il existe maintenant en français et connu sous le nom *Le Panorama de la Bible pour explorateurs de tout âge*. Nous nous sommes rendues compte que ce livre ne s'adressait pas uniquement aux jeunes, mais à toute personne âgée de 8 à 88 ans qui s'intéresse à approfondir sa connaissance de la Bible.

Les adolescents, les adultes et les moniteurs peuvent aussi y puiser toutes sortes de renseignements sur la Bible. On y trouve un résumé de chaque chapitre, des illustrations, des images, des cartes géographiques, des tables chronologiques, un dictionnaire biblique illustré d'une quarantaine de pages, et ce qu'il faut savoir pour devenir membre de la famille de Dieu.

La Bible enseigne que Dieu

«entend la prière des justes»
Proverbes 15.29

… même celle des justes qui n'ont pas encore dix ans!

Voilà!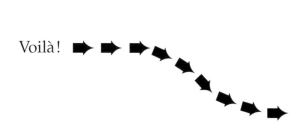

Les enfants prient et s'attendent à être exaucés.

Chapitre 41
Le pays des sabots

Juste avant le jour de l'Action de grâces, un ami m'a écrit pour m'annoncer que l'épouse de Nico* venait de mourir en donnant naissance à leur quatrième fille. Plusieurs années auparavant, nous nous étions liés d'amitié à l'école biblique, Nico et moi. Nous avons eu tellement de plaisir ensemble. Après avoir reçu cette nouvelle, je lui ai fait parvenir une carte pour lui offrir mes condoléances, comme l'ont fait plus de 200 autres personnes.

Environ deux semaines avant Noël, j'ai reçu un appel de la Hollande. Nico voulait me rendre visite. Nous avons donc fait des plans pour nous rencontrer dans un restaurant à Montréal, le jour de Noël. Il devait passer la veille de Noël avec ses quatre filles (quatre mois, deux ans et demi, six ans et huit ans), et prendre l'avion le matin de Noël pour venir à Montréal.

*nom fictif

Je ne l'avais pas vu depuis quinze ans, et me demandais de quoi nous allions parler. Quelle agréable surprise! C'était comme si nous nous étions vus la semaine précédente! Nous avons passé une agréable soirée ensemble. Le lendemain, nous sommes allés marcher sur le mont Royal et avons jasé pendant des heures. Bref, il était à la recherche d'une mère pour ses enfants et voulait que nous restions en contact.

Quelques semaines plus tard, j'ai reçu un autre appel téléphonique de la Hollande... puis un autre et un autre. Nico croyait que ce serait une bonne chose pour moi de faire la connaissance de ses filles. Après avoir beaucoup réfléchi et écouté le conseil de plusieurs amis, j'ai commencé à dresser des plans pour aller leur rendre visite en Hollande.

Cette situation a été baignée dans la prière. J'ai demandé au Seigneur de me guider clairement. Je savais ce que je voulais faire, mais je voulais savoir ce qu'il voulait que je fasse. Je ne trouvais aucun indice dans sa parole pour me montrer que ce n'était pas sa volonté. Les circonstances semblaient de mon côté. Nico m'avait laissé savoir clairement qu'il voulait que je vienne. Alors, croyant que le Seigneur dirige celui ou celle qui bouge, j'ai dit au Seigneur que s'il ne m'arrêtait pas d'une façon quelconque, je me rendrais au pays des sabots!

J'ai réservé un billet avec les *Royal Dutch Air-*

lines, et Nico devait me rencontrer à l'aéroport d'Amsterdam. La date de mon départ est arrivée, et parce que Marianne ne pouvait pas me conduire à l'aéroport, j'ai dû me rendre en autobus. Durant le trajet, j'ai eu le temps de réfléchir et de prier.

Tout à coup, je suis devenue misérable, et les larmes ont commencé à couler. Plus nous approchions de l'aéroport, moins j'avais la paix de poursuivre mes plans. Plus nous approchions de l'aéroport, plus les choses empiraient. Je pleurais tellement que le chauffeur d'autobus m'a demandé s'il pouvait m'aider !!! Il ne le pouvait vraiment pas !

Finalement, après ce qui a semblé être une éternité, l'autobus est arrivé à l'aéroport. Je suis entrée dans l'aérogare, me suis rendue au comptoir pour annuler ma réservation. J'ai regardé par la fenêtre et vu l'avion que je devais prendre s'envoler pour la Hollande.

J'ai envoyé un télégramme à Nico lui disant simplement que je n'allais pas arriver le lendemain. Je me suis assise pour lui écrire une longue lettre afin de lui expliquer ce qui était arrivé. Je lui ai aussi rappelé que les plans du Seigneur étaient meilleurs que les miens.

J'étais reconnaissante d'avoir appris que trois choses pouvaient nous guider — la parole de Dieu, les circonstances et la paix. Cette fois-ci, c'est le manque de paix que Dieu a utilisé pour me montrer quoi faire.

 «*Quel est l'homme* (la femme) *qui craint l'Éternel? L'Éternel lui montre la voie qu'il doit suivre.*» Psaume 25.12

Chapitre 42
À mon avis...

*A*u début de l'année, j'avais dit à Marianne :

— Je me demande ce que nous réserve cette année.

Ce fut une année remplis d'imprévus.

Un jour, alors que je montrais à une étudiante qui demeure tout près de chez nous comment se servir de la pédale d'un piano, je suis devenue étourdie. En revenant à pied à la maison, dans mon oreille, j'ai entendu : «Pssssssst».

Puis, immédiatement, j'ai perdu complètement l'ouïe de mon oreille gauche. Si j'avais choisi quelle oreille aurait été atteinte... j'aurais choisi celle-là parce que j'ai besoin de mon oreille droite pour être capable de jouer de la harpe!

Et... savez-vous quoi? Être sourde d'une oreille peut avoir ses avantages!!! Lorsqu'il y a du bruit, qui vous empêche de dormir, tout ce que vous avez à faire est de vous coucher sur l'oreille qui entend bien, et dormir comme une souche!

Cet été-là, nous avons décidé de faire le tour de la Gaspésie, espérant pouvoir marcher jusqu'au rocher Percé. Au lieu de cela, nous avons dû le regarder de loin à partir d'un belvédère.

Le jour avant, nous nous étions arrêtées chez des chrétiens pour leur rendre visite. J'ai ouvert la portière et, en sortant de la voiture, j'ai mis le pied sur une roche. À cause de l'inclinaison de terrain, j'ai perdu l'équilibre et commencé à courir à reculons. Je suis tombée sur le dos et frappé la tête sur le sol. Tout cela pour dire que maintenant j'ai deux vertèbres écrasées.

Plus tard, ce même été, j'ai échappé un bloc de ciment sur ma cheville. Les nerfs ont été écrasés et ne semblent pas vouloir guérir. Une femme médecin est venue à la maison pour voir ma cheville et, avant de partir, elle a remarqué que j'avais un assez gros grain de beauté sur mon cou près de la clavicule. Elle a demandé si j'avais remarqué un changement dernièrement, et automatiquement j'ai répondu :

— Non, je n'ai rien remarqué.

Une fois la femme médecin partie, j'ai regardé de près le grain de beauté et je l'ai touché. C'était de la grosseur d'une pièce de dix sous. C'était dur, rugueux et irrégulier. Après avoir réalisé que celui-ci n'était pas normal, je suis allée sur l'Internet pour voir ce qu'on dirait au sujet des grains de beauté. On lui avait donné un nom médical bizarre, et ce qu'on en disait était loin d'être encourageant.

Je savais que je pouvais en parler à mon Père céleste… ce que j'ai fait. J'ai simplement dit :

—— Seigneur, durant cette année, j'ai perdu l'ouïe dans mon oreille gauche, deux de mes vertèbres sont écrasées et le dommage qui été fait à ma cheville ne semble pas vouloir guérir. À mon avis, c'est une chose de trop en ce moment. Voudrais-tu faire quelque chose? Au nom de Jésus, Amen.

Le lendemain matin, en me réveillant, je suis venu pour placer un doigt sur mon grain de beauté… et il n'était plus là. J'ai regardé dans les draps, dans ma chemise de nuit, sur le tapis, mais je ne l'ai jamais trouvé. Il était disparu!

Encore une fois, Dieu a prouvé qu'il est tout-puissant… et qu'il est toujours à l'écoute lorsque je le supplie.

 «O Dieu, écoute ma prière. Quand je te supplie, ne te cache pas!» Psaume 55.2

Ma requête

_____

_____

_____

_____

_____

_____

_____

_____

_____

_____

_____

_____

_____

_____

_____

_____

_____

_____

_____

_____

_____

_____

_____

_____

_____

_____

Conclusion
Oui...
non...
attends!

Au tout début de ma vie chrétienne, quelqu'un m'a montré comment tenir une liste de prière. Cette liste comprenait plusieurs pages lignées, écrites sur les deux côtés. Malheureusement, après plusieurs déménagements, cette liste a été égarée. Vingt ans plus tard, je l'ai retrouvée. Et devinez quoi? Dieu avait répondu «oui» à chacune de ces requêtes... sauf à une. Vu la requête, cela avait été difficile à accepter. Mais, Dieu m'a clairement montré pourquoi il avait dit «non». Et, grâce à cette réponse, je peux vous assurer qu'il m'a épargnée de beaucoup d'ennuis.

Dieu se fait un plaisir d'exaucer nos prières, mais il ne dit pas toujours «oui». Parfois, il dit «non», parfois il choisit de dire «attends». La réponse qu'il donne est toujours en vue de notre bien… parce qu'il nous aime et connaît ce qui est le mieux pour nous. Oui, Dieu connaît mieux que moi ce qui est bon pour moi.

Par contre, ne pas demander serait la raison la plus insensée pour laquelle nous ne recevrions pas. Selon une légende, il y aurait dans le ciel un immense entrepôt rempli de cadeaux encore empilés du plancher au plafond et d'un mur à l'autre. Ils sont encore enveloppés simplement parce que les gens ne les ont jamais réclamés.

N'oublions pas que Jésus a déclaré :

 «Jusqu'à présent vous n'avez rien demandé en mon nom. Demandez, et vous recevrez, afin que votre joie soit parfaite.»

Jean 16.24

Liste de prière

Date	Requête	Réponse	Date
○			
○			
○			

Demandez, et vous aussi serez capable de dire :
«Pourquoi s'inquiéter, quand on peut prier !»

Nous sommes conscientes que «demander» est seulement un aspect de la prière, et qu'il y a des conditions à remplir avant de nous attendre à ce que Dieu exauce nos prières. Nous vous avons raconté ces anecdotes pour vous encourager à reclamer les 7 487 promesses dans la Bible, et pour vous aider à réaliser que le Seigneur vous aime, qu'il s'attend à ce que vous lui parliez et qu'il veut vous faire plaisir... selon sa volonté.

Carole Silvera

Ma requête

_____

_____

_____

_____

_____

_____

_____

_____

_____

_____

_____

_____

_____

_____

_____

_____

_____

_____

_____

_____

_____

_____

_____

_____

_____

Table des matières